공부는
멘탈
게임이다

공부는 멘탈 게임이다

나 혼자 레벨 업하는
전교 1등 의대생의 공부 비법

임민찬 지음

데이스타
Daystar

고 1 중간고사가 끝나면 학생들은 두 부류로 나뉜다.

공부를 계속하는 학생들과

공부를 포기하는 학생들

실제로 학교 교사들도 그렇게 이야기한다.

"아이들이 너무 쉽게 포기한다, 그래서 교실에는 상위권과 하위권만 존재한다."

왜 이 아이들은 공부를 시작도
하기 전에 포기했을까?

"인생은 한방이지."

"나는 다 포기했어."

"나는 내신 포기야."

멘탈이 무너졌기 때문이다. 시작도 하기 전에
나는 할 수 없다고 포기해 버린 것이다.

그러나 끝날 때까지 끝난 게 아니다.
한 번 실패했다고 웅크려 있지 말고 다시 일어나 시작하자.

멘탈만 잘 잡으면 공부는 계속할 수 있다.
그러한 자세를 유지하면 성적은 결국
오르게 되어 있다.

멈추지 않고 계속하는 것이 중요하다.

공부는 원래 하기 힘든 것이다.

그럼에도 공부는
계속해야 하는 것이다.

나 혼자 레벨 업하고 싶은가?
지금 당장,
멘탈부터 잡아라!

동기 부여부터 멘탈 관리까지
단계별로 마스터하는 중학생 공부법

2025년에 고1이 되는 학생들부터 새로운 2022 개정 교육과정과 고교학점제를 비롯하여 2028 대입 개편안이 처음으로 적용됩니다. 늘 새로운 입시 제도가 도입되는 시기에는 방향을 제대로 잡기가 쉽지 않습니다. 과도기에서 오는 불안과 온갖 잘못되고 과장된 정보에서 오는 혼란이 더해지기 때문입니다. 저 또한 이 불안한 마음을 누구보다 잘 알고 있습니다. 2015 개정 교육과정이 처음 도입되었던 시기가 바로 제가 고1이던 2018년이었기 때문입니다. 새로운 교육과정을 처음 겪는 경험을 해 보았고 이 시기에 중심을 잘 잡고 중등 시기부터 탄탄히 준비하는 것이 중요하다는 점을 잘 알고 있기에 이렇게 중학생을 대상으로 책을 쓰게 되었습니다.

'공부법 과잉 시대'라고 표현해도 될 정도로 공부법에 대한 정보가 넘치는 세상입니다. 가까이에 정말 많은 학원이 있고, EBSi를 비롯한 인터넷 강의 시스템도 그 어느 때보다 잘 갖춰져 있습니다. 원하는 성적이 나오지 않는 것은 더 이상 공부법을 모르거나 공부 도구가 부족해서가 아닙니다. 오히려 공부 동기나 의지의 문제가 가장 중요한 부분이 되었습니다. 조금 힘들다고 쉽게 포기해 버리거나 당장 성적이 오르지 않는다는 이유로 좌절해 버린다면 결코 좋은 성과를 거둘 수 없습니다.

특히 중고등 시기는 경쟁적인 입시 환경 속에 온전히 놓여 있는 시기입니다. 그 경쟁 속에서 학생들이 자기만의 속도를 유지하며 흔들리지 않고 달려 나가기 위해서는 단단한 멘탈이 무엇보다 중요합니다. 이번 책 제목을 '공부는 멘탈 게임이다'라고 지은 이유입니다.

이번 책은 총 7개의 Level로 구성되어 있습니다. Level 1은 '동기 부여'에 관한 것입니다. 중학생들을 상담하다 보면 초등 시기에 공부를 안 한 것을 후회하는 학생들이 꽤 있습니다. 하지만 공부는 중학생 때부터 해도 절대 늦지 않습니다. 이러한 내용을 담아 학생들에게 공부 동기를 전하고, 아직 중등 진학을 앞둔 초등학생들에게는 중등 전에 미리 해 두면 좋을 공부법과 습관을 가볍게 정리하며 기초 실력을 쌓는 방법을 알려드립니다.

Level 2는 '공부 마인드셋'에 관한 내용입니다. 공부를 제대로 시작하고 포기하지 않으려면, 공부를 열심히 하려는 마음가짐이 정말 중요합니다. 여기서는 본격적인 공부에 앞서 공부에 임하기 위한 마음 다지기 방법을 확실히 짚고 넘어가고자 했습니다.

Level 3에서는 2025년에 고1이 되는 학생들부터 적용될 2022 개정 교육과정과 고교학점제를 바탕으로, 학생들이 꼭 알아두어야 할 입시 제도와 환경의 변화를 다섯 가지로 정리하였습니다. 이와 함께 이러한 변화에 대비하여 중등 때 어떤 부분을 미리 챙겨두면 좋을지에 대한 조언을 담았습니다.

Level 4에서는 중등 시기 과목별 공부법을 정리했습니다. 내신 대비뿐만 아니라 고등 진학을 앞두고 미리 해 두면 좋을 공부법까지 꾹꾹 눌러 담았습니다. 물론 이러한 방법을 활용하여 꾸준히 공부하고 힘든 순간에도 흔들리지 않기 위해서는 무엇보다 멘탈 관리가 중요합니다. Level 5에서는 중등 시기에 제가 자주 활용했던 열 가지 멘탈 관리 방법을 설명합니다.

그다음으로 Level 6에서는 중고등 6년을 보내며 제가 후회했던 것을 정리했습니다. 개인적으로 부끄러운 이야기지만 후배들이 이 내용을 읽으며 저와 같은 실수를 반복하지 않기를 바라는 마음으로 준비했습니다. 마지막으로 Level 7에서는 중등 3년을 넘어 고등학생이 되어 최상위권으로 도약하기 위한 여섯 가지 조건과 학생들이 절대로 잊어서는 안 될 마음가짐에 관한 내용을 담았습니다.

이 책의 마지막에는 실제 명문대생들이 중고등학생 때 어떻게 공부했는지 알려 주는 인터뷰를 부록으로 실었습니다. 어떻게 포기하지 않고 공부할 수 있었는지, 고등 진학 전에 과목별로 어떤 공부를 해 두면 좋은지, 지금의 중고등학생들에게 어떤 말을 해주고 싶은지 등 총 여섯 가지 질문을 바탕으로 명문대생 10명을 인터뷰한 내용을 담았으니, 이도 참고하시길 바랍니다.

7단계 공부법을 통해 여러분이 제대로 공부하는 법을 익히고, 공부가 힘들더라도 이겨내는 법을 배운다면 결국에 최상위권 도약을 이뤄낼 수 있으리라고 생각합니다. 빠르게 변화하는 입시 제도 속에서도 중심을 잃지 않고 나아갈 수 있도록, 이 책이 여러분의 든든한 중등 지침서가 되길 바랍니다.

차례

프롤로그 : 동기 부여부터 멘탈 관리까지 단계별로 마스터하는 중학생 공부법   008

Level 1 · 공부 동기 부여
중학생 때 시작해도 늦지 않다

| CASE 1 | 초등학생 때 공부를 열심히 하지 않아 걱정인 예비 중1 선주   019

01. 공부는 이제부터가 시작이다   022
02. 중학교 진학 전에 해 두면 좋을 과목별 공부법   024
03. 중학교 진학 전 준비하면 좋을 세 가지 공부 습관   029
04. 예비 중1 겨울방학 때 해야 할 네 가지   032
05. 중학교에 들어가면 달라지는 것들   035

Level 2 · 공부 마인드셋
공부하기 위한 마음 다지기

| CASE 2 | 공부에 집중하고 싶은데 방법을 몰라 고민인 중1 혁진이   041

01. 공부는 원래 재미없다   044
02. 인정하는 자세에서 공부가 시작된다   048
03. '공부 머리'라는 말에 속지 말자   051
04. 에밀 쿠에의 자기 암시법을 실천하라   053
05. 21일의 법칙   056
06. No risk, high return   059
07. 나 혼자가 아닌 '함께' 공부하는 힘   061
08. 성적이 안 나와 고민하는 너에게   063

Level 3 · 현실 인식
달라지는 교육과정 이해하기

| CASE 3 | 새롭게 바뀌게 될 입시 제도가 궁금한 예비 고1 준민이   069

01. '고교학점제'에 대비하여 먼저 해야 할 것   073
02. 9등급제에서 5등급제로 바뀌며 달라지는 것들   076

03. 논·서술형 위주로의 내신 시험 변화   081

04. 수능 수학의 변화, 내신과 생활기록부 더 중요해진다   084

05. 융합 역량 강화, 그리고 고등학교 선택에 대한 고민   087

Level 4 · 중등 과목별 공부법
의대생의 '중등 3년 공부법' 익히기

| CASE 4 | 과목별로 어떻게 공부해야 할지 궁금한 중1 현지   095

중등 국어 공부법

01. '독서'가 중요한 세 가지 이유   100

02. 문법은 고등 범위까지 확실히 끝내자   103

03. 수능 공부의 시작: 문학, 비문학의 기본 이론을 익히자   105

04. 국어 잡지와 신문의 활용   107

05. 국어 어휘력, 확실하게 잡기   109

06. 중등 국어 내신 A등급 공부법   111

중등 수학 공부법

01. 학원과 별개로 '심화' 문제집을 혼자서도 풀어야 합니다   114

02. 중학생 때 '고등 선행'을 해야 하는 이유   117

03. 고등 진학 전, 어디까지 선행해야 할까?   120

04. 중등 도형 및 연산 공부의 중요성   122

05. 틀린 수학 문제 정리법   124

06. 서술형 연습, 이렇게 해 보세요   127

07. 중등 수학 내신 A등급 공부법   129

중등 영어 공부법

01. 중등 영어에 대한 궁금증 세 가지   132

02. 영어 단어 암기에 관한 총정리   135

03. 고등 영어 내신 1등급을 결정짓는 두 가지   138

04. 중등 영어 내신 A등급 공부법   140

기타 과목 공부법

01. '통합과학'을 대비하는 중등 과학 공부법   143

02. 과학/사회/한국사: 중등 내신 A등급 공부법   147

03. 중등 기타 과목 내신 A등급 공부법   150

Level 5 · 멘탈 관리
슬기로운 학교생활을 위한 의대생의 조언

| CASE 5 | 번아웃이 두려운 중3 성철이   155

01. 자유학기제, 자칫하다 공부와 멀어지게 된다   158

02. 내 공부를 객관적으로 바라보는 법   161

03. 고집부리지 말고 유연한 자세를 갖자   164

04. 꿈이 꼭 직업일 필요는 없다   167

05. 자신감과 자제력을 키우는 말의 힘   170

06. 최종 선택권은 나에게 있다   172

07. 절대로 조급해하지 말자   175

08. 완벽함이 아닌 탁월함을 위해 애써라   178

09. 나에게 위기감을 주는 상황에 감사하는 마음   181

10. '아직'이라는 단어가 주는 위로   184

Level 6 · 타산지석의 자세
중고등 시기, 내가 후회한 것들

| CASE 6 | 후회되는 것이 있던 재수생 준영이   189

01. 부모님에게 짜증 부린 것   192

02. 건강 관리를 제대로 하지 않은 것   195

03. '비교'를 부정적으로 바라본 것   198

04. 제대로 된 휴식을 하지 못한 것   202

05. 내 주변의 소중함에 대해 몰랐던 것   204

06. 대학 입시에 대한 이해가 부족했던 것   207

07. 선배들과 친하게 지내지 않은 것   209

08. 공부할 때 전자기기를 적절히 사용하지 않은 것   212

09. 부모님 차로 통학하며 걷는 습관을 들이지 않은 것   214

◀ **Level 7 · 고등 최상위권 도약**
최상위권을 목표로 한다면 알아둬야 할 필수 조건

| **CASE 7** | 고등학교에 올라가 최상위권이 되고 싶은 예비 고1 건주   219

내신 최상위권 도약을 위한 여섯 가지 조건

01. 시험만큼 중요한 수행평가 준비하기   223

02. 과목별 공부 시간을 잘 분배하기   227

03. 시험 실전 연습, 실제처럼 반복하기   230

04. 규칙적인 '복습 시간' 확보하기   232

05. 하루 계획만이 아닌 장기적인 공부 계획 세우기   234

06. 학교 수업을 대하는 마음가짐 바로 하기   236

꼭 기억할 멘탈 관리법

01. 일희일비하지 않는 자세   239

02. 내가 진짜로 잘할 수 있는 것들을 놓치지 말자   241

03. 오늘이 내가 가장 똑똑하지 않은 날이다   244

◀ | **인터뷰** | 공부 만렙 명문대생 10인의 공부법과 멘탈관리법   247

| 공부 동기 부여 |

중학생 때 시작해도 늦지 않다

초등학생 때 공부를 열심히 하지 않아 걱정인 예비 중1 선주

선주 : 안녕하세요. 멘토님! 저는 이제 중학교 입학을 앞둔 예비 중1입니다. 저는 초등학교 6년 동안 제대로 해 둔 공부가 없는 것 같아 불안해요. 중학교에 가면 공부 내용이 더 어려워질 텐데 걱정입니다.

민찬 멘토 : 선주야, 중학교 입학을 앞두고 고민이 많겠구나. 내가 너에게 꼭 해주고 싶은 말은 초등 시기 공부에 있어서 필수는 없다는 거야.

선주 : 네? 초등 시기 공부에 필수가 없다고요? 그게 어떤 의미

19

인가요?

민찬 멘토 : 음, 그러니까 초등 때 공부를 많이 해 두면 당연히 도움은 되겠지만 초등 시기에 반드시 해 둬야 할 공부는 없다는 거지! 초등 때 영어 단어장 한 권을 덜 외웠다고 해서 중등 영어를 못 따라가는 게 아니고, 초등 때 심화 문제집 한 권을 덜 풀었다고 해서 중등 수학을 못 따라가는 건 아니라는 거야. 그러니 너무 불안해할 필요는 없어.

선주 : 아, 그렇군요! 그 말을 들으니 조금 안심이 되네요. 하지만 중학생 때부터 공부를 시작해도 뭔가 늦은 건 아닐지 걱정되더라고요. 주변에 이미 중3 내용까지 끝낸 친구들도 있다고 하니 놀랍기도 하고, 지금 제 모습이 너무 부족해 보여요.

민찬 멘토 : 그렇지. 사실 주변 친구 중에서 너보다 진도가 빠른 친구를 보면 불안해질 수도 있어. 하지만 우리에게 가장 중요한 시기는 초등도, 중등도 아닌 고등이야. 왜냐하면 고등 시기의 성적이 대학 입시에 반영되기 때문이지. 고등 준비는 중등

부터 해도 절대로 늦지 않아. 내가 그동안 500명이 넘는 중고 등학생들을 상담해 왔는데, 그중에서는 중2, 중3부터 공부를 시작한 학생들도 정말 많았어. 그 학생들도 처음에는 불안해 했지만, 결국 중등 때 기본기부터 잘 다져두니 고등 때는 상위 권에 올라가더라고. 중등부터 해도 절대 늦은 게 아니야. 사실 중등 때도 열심히 공부하지 않는 학생들이 정말 많아. 그러니 걱정하지 말고 지금부터 제대로 공부해 보자! 할 수 있지?

선주 : 평소 선생님과 부모님께 이런 고민을 말씀드려도 명확 한 대답을 듣지 못해 고민이 많았는데, 멘토님이 이렇게 구체 적으로 설명해 주시니까 저도 용기가 나는 것 같아요. 지금 시 작해도 절대 늦은 게 아니라는 말씀을 믿고 앞으로 진짜 열심 히 공부해 제 꿈인 수의사라는 목표를 이루도록 노력해 볼게 요. 정말 감사합니다!

중학생이 되면 자연스럽게 자신의 초등 생활을 돌아보게 됩니다. 초등 6년 동안 공부를 열심히 하지 못했다고 생각해 후회하는 학생들도 종종 볼 수 있습니다. 하지만 제가 확실히 말씀드릴 수 있는 건 초등 시기 공부에 있어서 반드시 해야 할 '필수'는 없다는 사실입니다.

사실 우리 주변에서 공부와 관련된 자극적인 애기를 쉽게 들을 수 있습니다. '초등학교 4학년이 결정적인 시기다', '초등학교 3학년 때 OO는 필수다', '초등학교 6학년 때 OO을 안 하면 큰일 난다'라며 학생과 학부모님의 불안감을 부추기는 말들이 넘쳐납니다. 하지만 현실은 이와 다릅니다. 의대를 목표로 중고등 6년을 누구보다 치열하게 공부하고, 500명의 중고등학생을 대상으로 1대1 상담을 진행하고, 수십 차례의 강연과 교육 활동을 해 온 제가 이 부분만은 확실히 이야기할 수 있습니다. 바로 '초등 시기 공부에 있어서 필수는 없다'라는 점입니다.

수많은 학생을 지켜보며 깨달았습니다. '초등 때 영어 단어장 한 권 덜 외웠다고 해서 중등 영어를 못 따라가는 건 아니구나.', '초등 때 수학 심화문제집 한 권 덜 풀었다고 해서 중등 수학을 어려워하는 건 아니구나.', '초등 때 국어 문제집 한 권 덜 풀었다고 해서 중등 국어에서 큰일 나는 건 아니구나.'라고요. 전문가들이 초등 시기에 그토록 '필수'라고 외치던 것은 그 전문가 입장에서 해 두면 좋겠다고 생각하는 공부일 뿐 모든 학생에게 절대적으로 적용되는 것은 아닙니다.

물론 초등 시기에 '해 두면' 도움이 되는 공부는 분명히 존재합니다. 하지만 초등 시기에 반드시 해야 할 공부는 따로 없습니다. 이는 초등 시기에 공부를 열심히 하지 않았더라도 이미 늦었다는 생각으로 벌써 좌절할 필요가 없다는 뜻이기도 합니다. 초등 6년 동안 공부에 소홀히 했다고 해서 지나치게 주눅들 필요는 없습니다. 이제부터가 시작입니다. 이미 지나간 초등 6년을 아쉬워하느라 주춤거리지 말고, 자신감을 가지고 중등 생활을 시작해도 된다는 점을 꼭 기억하길 바랍니다.

23

중학교 진학 전에 해 두면 좋을 과목별 공부법

초등 시기 공부에 있어서 '필수'라고 부를 수 있는 건 없습니다만, 그래도 중학교 진학 전에 미리 해 두면 중등 학습과 학교생활에 도움이 되는 공부법은 있습니다. 여기서는 과목별로 중학교 진학 전에 해 두면 좋을 공부법을 잠깐 짚고 넘어가겠습니다.

우선 국어부터 이야기해 볼까요? 국어에서 제가 늘 강조하는 것 중 하나는 국어 독해 문제집을 한 권이라도 풀어 보는 것입니다. 물론 초등 시기에 책만 열심히 읽어도 중등 국어를 공부하는 데 큰 문제는 없습니다. 하지만 중등 시기에 들어서면 국어 과목의 학습 내용이나 시험의 유형이 달라집니다. 그렇기에 이에 대한 준비가 필요합니다.

실제로 중고등 국어 시험에서 여러분이 풀게 될 대부분 문제의 유형은 하나의 지문이 주어지고 그 지문을 꼼꼼히 읽은 뒤 문제를 풀어야 하는 방식입니다. 중학생이 되어 이러한 유형의 문제 풀이를 처음 만나면 당황하기 쉽습니다. 그러니 초등 시기에 국어 독해 문제집을 통해 미리 연습하며 익숙해지는 것이 더 도움이 될 것입니다. 제가 추천하는 교재는 《우공비 일일독해》(좋은책신사고), 《빠작 초등 국어》(동아출판), 《하루 한장 독해》(미래엔)이며, 이 중 한 권이라도 중등 진학 전에 풀어 보며 익숙해지길 권합니다.

두 번째는 수학입니다. 수학에서 제가 가장 강조하는 것은 '연산'입니다. 중고등학생들을 대상으로 수학 과외를 하다 보면, 최상위권 학생부터 최하위권 학생까지 수준을 막론하고 실제 시험에서 가장 많이 하는 실수가 '계산 실수'입니다. 덧셈, 뺄셈, 곱셈, 나눗셈을 몰라서 계산 실수를 하는 건 아니겠지요. 실제 중고등 시험에서는 시간제한 속에서 빠르게 수학 문제를 풀어야 합니다. 긴장감에 시간제한이 더해지니 평소에 하지 않는 계산 실수를 하게 됩니다. 결국 초등 시기에 '연산'만큼은 실력을 확실하게 다져두는 것이 좋습니다.

일반적으로 학생들을 보면 두 가지 경우가 있습니다. 먼저 연산을 잘하는 학생의 경우입니다. 저는 연산을 잘하는 학생들에게도 연산 문제집 한 권을 하루에 10분이라도 꾸준히 풀라고 조언합니다. 수학을 잘하는 학생들은 평소에 심화 문제집이나 선행 진도 등을 나가며

25

어려운 내용만 접하기 쉽습니다. 그러다 보면 자신감이 부족해지는 경우도 많지요. 이때 연산 문제를 매일 10분씩 풀며 자신감을 회복할 수 있습니다.

또한 연산을 평소 잘했다고 해도 안심할 수 없습니다. 중고등학생들이 가장 많이 하는 실수가 계산 실수이기에 방심하지 말고 꾸준히 연산 문제집을 풀 것을 권합니다.

연산 실력이 떨어지는 학생도 마찬가지입니다. 간혹 연산을 잘 못하는 학생을 집이나 학원에서 하루 1~2시간씩 연산 문제만 풀게 하기도 하는데, 저는 이렇게 하는 것은 반대합니다. 수학이라는 과목은 새로운 개념을 배우고, 그 개념을 실제 문제를 풀며 적용하는 과정에서 흥미를 느끼는 과목입니다. 그런데 연산이 약하다고 해서 하루 1~2시간씩 매일 수학 연산만 풀면, 학생이 수학을 반복적이고 지루한 과목이라고 느끼며 점차 수학과 멀어지게 될 가능성이 큽니다. 그러니 연산 문제집은 연산이 약한 학생이라도 하루 최대 30분 정도만 할애하고, 나머지 시간은 현행 과정에 대한 개념서, 유형서를 푸는 것이 좋습니다.

세 번째는 영어입니다. 초등 고학년 영어에서 제가 가장 강조하는 건 '영어 단어장 암기'입니다. 아무리 문법, 독해, 듣기, 영작 공부를 열심히 하더라도 영어 단어 실력이 부족하면 의미가 없기에 이를 최우선 순위에 두고 접근해야 합니다. 영어 단어를 암기할 때는 단어장

26

여러 권을 소화하려고 하기보다 우선 한 권을 최소 3회독 하는 것을 목표로 진행해 주는 것이 좋습니다.

네 번째는 사회입니다. 사회 과목은 심화나 선행보다는 다양한 사회 분야의 지식을 직간접적으로 경험해 두는 것이 도움이 됩니다. 이를 위해 초등 시기에는 '초등 잡지'를 통해 간접 경험하는 것을 추천합니다.

《초등 독서평설》(지학사), 《위즈키즈》(교원), 《시사원정대》(동아이지에듀)와 같은 초등 시사 잡지를 통해서 다양한 사회 이슈를 초등 눈높이에서 설명하는 글로 정보를 접해 보는 것이 좋은 경험이 될 것입니다. 초등 시사 잡지는 종류가 다양하니 직접 도서관에서 여러 종류를 읽어본 후 가장 마음에 드는 하나의 잡지를 골라 매달 정기적으로 구독하며 읽어 보기를 추천합니다.

마지막 다섯 번째는 과학입니다. 과학 역시 초등 때는 심화나 선행보다는 '과학에 대한 흥미를 잃지 않는 것'이 중요합니다. 초등 시기에 과학은 쉽고 단순해 보여도 나중에 고등학교에 가면 과학 공부가 만만치 않습니다. 국, 영, 수 공부 시간을 줄여야 할 정도로 어렵고 양도 많습니다. 그렇다고 초등 시기부터 과학 선행을 할 필요는 없습니다. 이때는 일단 과학이라는 과목에 대해서 '할 만하다', '흥미롭다' 정도로 생각할 수 있게 하는 것이 좋습니다.

이를 위해서 과학 교육 만화나 과학 잡지를 꾸준히 읽는 것을 권

27

합니다. 저도 초등학생 때 《내일은 실험왕》(미래엔아이세움), 《내일은 발명왕》(미래엔아이세움), 《어린이 과학 형사대 CSI》(가나출판사) 같은 과학 교육만화를 즐겨 읽었습니다. 이밖에 《어린이 과학동아》(동아사이언스), 《과학소년》(교원)과 같은 과학 잡지도 추천합니다.

중학교 진학 전 준비하면 좋을 세 가지 공부 습관

공부만큼 중요한 것이 바로 올바른 습관 형성입니다. 초등 시기부터 공부 습관을 잘 잡아둔다면, 중고등 시기에도 그 습관을 꾸준히 유지하며 좋은 성적으로까지 이어질 수 있기 때문입니다. 지금부터는 중학교 진학 전에 만들어 두면 좋을 공부 습관 세 가지에 관해 말씀드리려고 합니다.

첫 번째 습관은 '규칙적인 휴식 시간 가지기'입니다. 단순해 보이지만 이를 잘 실천하지 못하는 학생들이 정말 많습니다. 이는 말 그대로 규칙적으로 휴식 시간을 가져야 한다는 뜻이기도 하고, 다른 말로 공부 시간을 규칙적으로 만든다는 의미이기도 합니다. 예를 들면, 어떤 학생은 10분 공부하다가 5분 쉬고, 30분 공부하다가 10분 쉬고,

29

1시간 공부하다가 5분 쉬는 등 공부 시간과 휴식 시간이 불규칙합니다. 하지만 이는 공부 시간의 집중력을 떨어뜨리고 휴식도 제대로 취하지 못하게 만듭니다.

이런 학생들은 먼저 최소한 45분 동안 한 자리에서 공부에 집중하는 연습을 해 보면 좋습니다. 실제로 중등 수업 시간이 45분이기도 하고, 평소에 채 30분도 집중하지 못하던 학생들이 갑자기 1시간 동안 공부에 집중하려면 힘들 수 있기에 목표를 '45분'으로 설정해 보는 것입니다. 그리고 45분 동안 공부한 후 무리하지 말고 무조건 5분 정도는 화장실을 가거나 물을 마시는 등 휴식을 취합니다. 만약 45분이 적응되었다면, 이후 공부 시간을 50분, 55분, 1시간 이렇게 5분 간격으로 늘리는 연습을 해 봅니다.

저의 경우는 늘 1시간 공부 후 5분 휴식, 또는 1시간 30분 공부 후 10분 휴식 패턴을 꾸준히 지키고자 노력했습니다. 이러한 습관을 들이고 나니 공부 집중력도 더 올라갔습니다. 또한 규칙적으로 휴식을 취하니 체력적으로도 덜 지치고 더 효율적으로 공부할 수 있게 되었습니다.

두 번째 습관은 '공부할 때만큼은 휴대폰은 눈에 보이지 않는 곳에 두기'입니다. 공부할 때도 휴대폰을 무음으로만 해 두고 그대로 공부하는 책상에 올려두는 학생들이 많습니다. 하지만 휴대폰이 눈에 보이면 결국 반복적으로 휴대폰을 만지게 되고 공부 집중력이 흐

공부는 멘탈 게임이다

브러질 수밖에 없습니다. 그래서 저는 늘 공부할 때만큼은 가방 속이나 거실 등 아예 눈에 보이지 않는 곳에 휴대폰을 두는 습관을 들였고, 이러한 습관은 무척 사소해 보이지만 공부하는 동안만큼은 오로지 공부에만 집중할 수 있게 하는 데 큰 도움을 주었습니다.

세 번째 습관은 '플래너 쓰기'입니다. 플래너 작성을 어렵게 생각하는 학생들도 있습니다만 플래너 쓰기를 처음부터 복잡하게 생각할 필요는 없습니다. 우선 마음에 드는 예쁜 플래너를 하나 구입하세요. 그리고 그 플래너에 그저 하루에 딱 5분만 투자해서 해야 할 공부와 챙겨야 할 준비물, 친구들이랑 하기로 했던 약속을 자유롭게 기록하는 것입니다.

초등 시기부터 플래너 쓰기를 연습하는 것은 당장 시험을 잘 보기 위한 목적이 아닙니다. 플래너를 완벽하게 쓰자고 하는 것도 아닙니다. 초등 시기에 이렇게 플래너 쓰기를 연습하면 스스로 '아, 플래너를 쓰면 1) 매일 2) 조금의 시간만 투자해서 3) 내가 해야 할 것들을 잊지 않고 할 수 있구나'라고 느낄 수 있기 때문입니다. 그러니 플래너 쓰기를 너무 어렵게 생각하거나 귀찮아하지 말고 초등 때부터 하루 딱 5분만 투자해 습관을 들여 보길 추천합니다.

31

예비 중1 겨울방학 때 해야 할 네 가지

예비 중1 겨울방학은 중등 입학을 앞두고 마지막으로 보내는 초등 방학입니다. 많은 학생이 이 시기에 중학교 공부를 미리 하는 경우가 많은데, 이때 중등 공부 이외에도 해 두면 좋을 몇 가지가 있습니다. 예비 중1 겨울방학 때 해 두면 좋을 네 가지, 잘 기억하셨다가 꼭 해 보기를 권합니다.

첫 번째는 '자신의 취미 활동에 대해 생각해 보기'입니다. 중고등 시기는 공부와 시험, 학교생활로 많은 스트레스를 받게 되는 시기입니다. 중고등 6년을 슬기롭게 보내기 위해서는 휴식 시간에 본인만의 취미 활동으로 스트레스를 확실히 풀 수 있어야 합니다. 그렇기에 예비 중1 겨울방학 때 자신의 취미는 무엇이고, 어떤 걸 할 때 스트레스가 풀리는지를 생각해 보며 최소한 2~3개 정도의 취미 활동을 정하는 것이 좋습니다. 저의 경우는 노래 듣기, 맛집 탐방하기, 영화 보기, 배드민턴 치기가 취미였고, 시험이 끝나거나 방학 때 여유 시간에는 이러한 취미를 통해 스트레스를 해소하곤 했습니다.

두 번째는 '초졸 검정고시 문제 풀어 보기'입니다. 한국교육과정평가원 홈페이지에는 검정고시 기출문제와 답지가 무료로 올라와 있습니다. 초졸 검정고시는 초등 6년 내용을 베이스로 한 시험지인 만큼, 중학교에 진학하기 전 초등 6년의 공부를 전반적으로 점검해 보는 데 도움이 됩니다. 그러니 3개년 정도 문제를 출력하여 풀어 보면서 초등 6년 동안 했던 교과 공부 중에 부족한 부분은 없었는지 확실히 점검하는 시간을 만들어 봅니다. 이를 바탕으로 예비 중1 겨울방학 동안 어떠한 공부를 추가로 하면 좋을지 계획해 보아도 좋습니다. 예를 들면, 수학 검정고시를 풀어봤더니 연산 실수를 많이 했다면 예비 중1 겨울방학 때는 연산 문제집 한 권을 열심히 풀며 부족한 연산 실력을 채우는 겁니다.

세 번째는 '가족 여행'입니다. 물론 중학생 때도 가족과 함께 시간을 보낼 수 있지만, 초등 시기보다는 여유롭지 못합니다. 그만큼 중학생이 되기 전에 예비 중1 겨울방학 때 가족과 함께 여행을 다녀온다면 두고두고 기억할 수 있는 좋은 추억이 될 것입니다. 국내도 좋고 해외도 좋습니다.

33

마지막 네 번째는 초등학교와 중학교의 차이점에 대해 확실히 알고 가는 것입니다. 무려 6년이라는 긴 시간 동안 초등학교에 다니며 여러분은 이미 초등 생활, 초등 학습 방식, 초등학교 운용 시스템에 익숙해져 있는 상태입니다. 그러다가 갑자기 중학교라는 새로운 환경에 들어가야 하니 모든 것이 낯설게 느껴질 수 있습니다. 이때 초등학교와 중학교의 차이점에 대해 미리 알고 준비한다면 덜 낯설게 느끼고 더 빠르게 적응할 수 있을 것입니다. 이와 관련하여 다음 장에서는 초등학교와 중학교의 차이점을 정리해 보겠습니다.

6년이라는 긴 시간 동안 다니던 학교를 졸업하고 중학교라는 새로운 환경에 적응해야 한다고 생각하면 몸과 마음도 긴장하게 됩니다. 이 때 중학교에 진학하면 어떤 것들이 달라지는지 미리 알고 마음의 준비를 한다면 한층 더 수월하게 중등 생활을 시작할 수 있을 것입니다. 지금부터는 중학교에 진학하면 달라지는 것들에 대하여 정리해보겠습니다.

첫 번째는 '수업 시간'입니다. 초등학교 때는 40분씩 수업을 했는데, 중학교에서는 1교시에 45분 동안 수업을 합니다. '5분'이 차이가 크지 않은 것 같아도 쌓이고 쌓이면 부담이 될 수 있습니다. 우선 학교 수업이 끝나는 시간도 더 늦고 그만큼 학교에 있는 시간이 길어집니다. 앉아서 수업을 듣는 시간이 길어지기에 이때 만약 바르지 않은 자세로 앉게 되면 거북목이나 척추측만증으로 이어지기 쉽습니다. 중등 때부터는 특히 더 올바른 자세로 앉는 습관을 들이도록 신경 쓰는 것이 좋습니다.

두 번째는 '선생님'입니다. 초등학교 때는 대부분 과목을 담임선생님이 가르쳤다면, 중등부터는 과목별로 담당 선생님이 따로 계시고, 교과 시간마다 매번 새로운 선생님을 만나게 됩니다. 그러다 보니 어떤 학생들의 경우 특정 선생님을 싫어하면서 그 선생님이 가르치는 과목까지 싫어하고 자연스레 멀어지는 일이 생기기도 합니다. 선생님과 맞지 않다고 하여 중요한 과목까지 싫어하게 되는 건 당연히 안 될 일입니다.

그렇기에 무엇보다 여러분의 태도가 중요합니다. 수업을 들을 때 선생님의 단점보다는 장점에 집중하려는 마음을 가지는 게 좋습니다. 자신의 성향과는 맞지 않다고 해도 장점이 없는 것은 아닙니다. 만약 개념을 자세히 설명하느라 진도를 느리게 나가는 선생님을 만난다면 하나의 개념을 꼼꼼히 정리할 수 있다는 장점이 있습니다. 교과 선생님들의 장점에 주목하며 최대한 긍정적으로 보려는 자세를 가지는 것이 도움이 될 것입니다.

마지막 세 번째는 '중간고사'와 '기말고사'입니다. 초등 때는 단원 평가 형식으로 시험을 봤다면, 중등부터는 중간고사와 기말고사 시험을 봐야 합니다. 단원평가 시험은 한 단원씩 보았다면, 중간고사와 기말고사는 여러 단원을 한 번에 보게 됩니다. 즉, 시험 범위가 늘어나는 만큼 이를 대비하기 위해서는 평상시에 예습, 복습을 철저히 하는 노력이 필요합니다. 그렇지 않고 중간고사, 기말고사 시험이 아직 많이 남았다는 핑계로 복습을 미리 제대로 해 두지 않는다면 나중에 여러 단원을 한 번에 암기하고 복습하는 데에 많은 에너지가 필요하여 힘들게 됩니다. 중간고사, 기말고사는 여러 단원을 동시에 공부하고 시험 봐야 한다는 사실을 꼭 기억하고 이에 대비하길 바랍니다.

지금까지 중학교에 진학하면 달라지는 대표적인 것 세 가지에 관해 이야기했습니다. 미리 알고 마음의 준비를 한다면 새로운 환경에도 좀 더 빠르게 적응할 수 있을 것입니다.

37

· Level 2 ·

| 공부 마인드셋 |

공부하기 위한
마음 다지기

공부에 집중하고 싶은데 방법을 몰라 고민인 중1 혁진이

혁진 : 안녕하세요, 멘토님. 저는 중학교 1학년이에요. 중학생이 되어 공부를 열심히 하고 싶은데 공부에 집중이 잘 안 되서 고민이에요.

민찬 멘토 : 공부를 열심히 하려는 자세, 정말 보기 좋네. 그런데 공부 집중력이 고민이구나.

혁진 : 네, 초등학생 때는 공부에 별 관심이 없어서 거의 안 하다가 갑자기 공부를 시작해서 그런지 공부에 집중이 잘 안되

41

더라고요. 보통 중학생들은 한 시간 정도는 쉬지 않고 공부한다고 해서 저도 한 시간을 목표로 공부해 보고 있는데, 쉽지 않아요.

민찬 멘토: 중학생 정도면 보통 한 시간 정도는 집중해서 공부하는 게 좋긴 하지. 근데 혁진이 너 혹시 초등학생 때는 몇 분 정도 공부에 집중할 수 있었어?

혁진: 초등학생 때는 보통 30분 정도 집중할 수 있었던 것 같아요.

민찬 멘토: 아, 그렇다면 문제점을 해결할 방법을 찾을 수 있을 것 같네. 지금 네가 힘든 건 갑자기 공부 집중 시간을 한 시간으로 늘리려고 하니 그런 거야. 한 번에 공부 집중 시간을 늘리기보다 조금씩, 예를 들어 5분 간격으로 늘려 가면 훨씬 더 자연스럽게 공부 시간을 늘릴 수 있어. 그러니 일단 공부 집중 시간을 30분부터 시작해서 35분으로 늘려 보고, 35분이 적응되면 40분, 40분이 적응되면 45분, 이런 식으로 5분씩 늘려가

보자. 그렇게 해서 한 시간까지 공부 집중 시간을 늘려 가면 좋을 것 같아!

혁진 : 아, 멘토님! 무슨 말인지 이해했어요. 제가 중학생이 되고 난 뒤 마음도 급하고 공부를 일단 많이 해야 할 것 같다는 생각에 무리해서 공부 시간을 늘렸던 것 같아요. 멘토님 말씀처럼 5분씩 늘려 가며 해 보겠습니다. 감사합니다!

요즘은 중고등학생들에게 공부 동기를 끌어내 주는 책들이 인기가 많습니다. 특히 베스트셀러 책으로 《이토록 공부가 재미있어지는 순간》(박성혁 저)과 《공부가 설렘이 되는 순간》(조승우 저)이 중고등학생들에게 많은 사랑을 받고 있으며, 실제로 이 책을 읽고 공부에 동기부여가 되었다는 학생들도 많습니다. 하지만 몇몇 학생들은 다른 고민을 털어놓기도 합니다.

"선생님, 공부 동기 부여 책을 읽으면 공부가 재미있어지는 순간이 온다고 하고, 공부가 설렌다고 하는데, 저는 아무리 공부를 해 봐도 공부가 재밌거나 설레지는 않아요. 저는 공부가 적성에 맞지 않는 걸까요?"

이런 고민을 들을 때마다 제가 늘 하는 이야기가 있습니다. 우선 "의대생인 나도 공부는 재미없다"라는 말입니다. 물론 학생 중에는 공부가 재미있어서 하는 친구들도 있을 것입니다. 하지만 대부분 학생에게 공부란 재미없는 것입니다. 중고등 6년을 치열하게 공부해 온 제게도 공부는 재미있어서 한 것이라기보다 그저 해야만 해서 한 것에 가까웠습니다. 물론 흥미로운 과목도 있었지만, 싫어하는 과목도 피할 수 없었기에 그저 해야만 했던 것이죠.

저는 평소 공부하는 것은 쓴 약을 먹는 것과 같다고 말합니다. 쓴 약을 맛있어서 먹나요? 아닙니다. 약이 쓰고 맛없다는 건 누구나 압니다. 그럼에도 쓴 약을 먹는 건 그 약이 우리 몸을 낫게 하는 데 도움을 주기 때문입니다. 공부도 마찬가지입니다. 공부가 재밌어서 하는 건가요? 아닙니다. 공부가 힘들고 어렵다는 건 누구나 압니다. 그럼에도 공부를 열심히 하는 건 공부가 우리의 미래에 도움을 주기 때문입니다. 쓴 약을 먹기 싫다고 해서 피할 수 없는 것처럼, 공부 역시 하기 싫다고 해서 피할 수 없습니다. 공부는 학생이라면 누구나 해야 할 일입니다.

그런데 한번 생각해 봅시다. 만약 선생님이나 부모님이 여러분에게 억지로 약을 먹인다면 어떨까요? 당연히 더 먹기 싫어지고 거부감이 들 겁니다. 만약 쓴 약을 안 먹을 수 없는 상황이라면 쓴 약을 그나마 덜 쓰게 먹을 방법은 있습니다. 바로 여러분 스스로 그 약이

45

몸에 얼마나 도움이 되는지를 확실히 아는 것입니다. 약이 어떤 효과가 있는지 본인이 확실히 알고 있다면 정말 쓴 약도 꾹 참고 잘 먹을 수 있게 됩니다.

공부도 마찬가지입니다. 만약 선생님이나 부모님이 여러분에게 억지로 공부시킨다면 당연히 공부는 더 하기 싫어지고 더 힘들어지게 될 것입니다. 정말 힘든 공부도 그나마 덜 힘들게 할 방법은 결국 공부가 여러분에게 어떻게 도움이 되는지를 스스로 확실히 아는 것입니다. 공부의 목적, 공부의 효능을 여러분이 확실히 알고 있다면 아무리 힘든 공부라도 꾹 참고 할 수 있을 것입니다.

다양한 책과 콘텐츠에서 자꾸 '공부의 목적'을 이야기하는 것은 '공부가 재미없음'을 반증하는 것입니다. 그리고 이는 공부는 원래 재미없는 것이니 공부의 목적이라도 알아야 그나마 꾹 참고 할 수 있다는 걸 이야기하는 것입니다.

앞서 말했듯 공부는 재미로 하는 것이 아닙니다. 학생이라면 누구나 해야 하기에 하는 것입니다. 하기 싫다고 해서 하지 않고 피할 수 있는 것이 아닙니다. 선택이 아니라 필수입니다. 그러니 앞으로는 '왜 나는 공부가 재미없지? 공부는 내 적성에 맞지 않나 보다'라는 좌절의 생각은 접어 두길 바랍니다.

그 대신 '누구에게나 공부는 재미없겠구나. 공부는 학생이라면 누구나 해야 하는 거니 공부의 목적을 생각하면서 꾹 참고 열심히 해 보자. 공부할지 말지 고민하지 말고 차라리 어떻게 하면 잘할 수 있을지를 고민하는 게 맞겠다.'라고 고쳐 생각하고 마음을 다지는 것이 좋겠습니다. 이러한 관점에서 공부를 바라본다면 공부에 대해 좀 더 현실적으로 접근할 수 있을 것입니다.

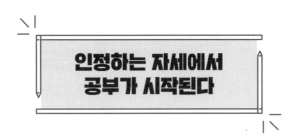

인정하는 자세에서 공부가 시작된다

중고등학생 중에 좋은 성적을 받고 싶지 않은 학생은 없습니다. 누구나 좋은 성적을 받고 싶어 하고, 좋은 대학에 진학하고 싶어 합니다. 하지만 공부를 제대로 하고 싶어도 어디서부터 어떻게 공부를 시작해야 할지 몰라 막막해하는 학생들도 많습니다. 어떤 친구들은 다른 친구들보다 뒤처져 있는 자신을 외면하고 현실을 부정하기도 합니다. 하지만 이때 학생들이 반드시 가져야 할 태도가 있습니다. 바로 '인정하고 받아들이는 자세'입니다. 바로 이 태도에서부터 공부가 시작됩니다.

자신이 공부에 있어서 부족함이 있다고 느낀다면, 그걸 확실하게 인정하고 받아들일 줄 알아야 합니다. 중학생이 되었지만, 아직 초등 연산에서 자꾸 실수한다면 현재 자신이 초등 연산 실력이 부족함을 인정하고, 초등 연산 문제집 하나를 구매해서 틈틈이 연습하면서 부족한 점을 채워야 합니다. 중학생이 되었지만 아직 영어 단어 실력이 초등 실력도 되지 않는다면 그 사실을 인정하고 초등 영어 단어장을 사서 틈틈이 암기하면서 부족한 부분을 채워야 합니다. 하지만 이걸 못하는 학생들이 정말 많습니다.

남들이 다 중학교 공부를 할 때 혼자 후행하는 것이 두려워서 자신을 인정하지 않는 학생들이 있습니다. 이런 학생들은 그저 남들처럼 일단 진도를 나가면서 마음의 안정감을 찾고자 하는 모습을 보입니다. 당장은 마음이 편할지 모릅니다. 하지만 장기적으로 보면 이는 계속해서 본인의 취약 부분에 구멍을 내는 것이나 마찬가지입니다. 이러한 과정이 쌓이면 고등학교에 가서 큰 학습 결손으로 이어지고 성적을 올리는 데도 방해 요소로 작용합니다.

제가 중학생 때 수학 학원에서 다소 무리한 선행을 했던 적이 있습니다. 그 당시 저는 내용에 대해 정확하게 이해하지 못한 채 그저 진도만을 위한 공부를 했습니다. 답안지를 베끼면서까지 숙제를 제출하며 일단 진도를 빠르게 나가는 데 급급했습니다. 당시 저는 의대에 입학하려면 진도를 빠르게 나가야 한다는 편견에 사로잡혀 있었고, 그러면서 스스로 선행을 못 따라가고 있다는 사실을 인정하지 않았습니다. 그 사실을 외면하고, 다른 친구보다 빠르게 진도를 나가고

49

있는 자신을 보며 만족했습니다. 하지만 저는 이내 후회하고 말았습니다. 고등학생이 되고 보니 중학생 때 빠르게 선행했다고 했던 것들이 머릿속에 하나도 남아있지 않았습니다. 이때의 경험을 바탕으로 그 이후부터는 늘 자신한테 솔직하고 스스로 부족함을 인정하자고 다짐하며 학교생활을 했습니다.

여러분은 나중에 후회하지 않으면 좋겠습니다. 현재 자신의 부족한 부분에 대해 인정하는 것이 우선입니다. 사실을 있는 그대로 받아들인 후 나의 부족한 부분을 어떻게 채울 수 있을지를 고민하는 것이 그다음 순서입니다. 중학생이라도 초등 공부가 부족하면 다시 돌아가 초등 내용을 보충할 수 있습니다. 후행할 용기를 가져야 합니다. 이렇게 인정하고 받아들이는 자세에서 공부는 시작됩니다.

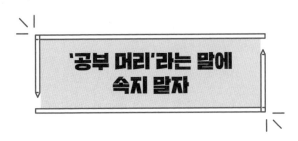

'공부 머리'라는 말을 들어보셨나요? 공부는 유전이라는 말과 비슷합니다. 공부를 잘하는 사람들은 '공부 머리'라는 타고난 유전자가 있다는 주장입니다. 물론 사람마다 유전자가 다르고, 똑같은 내용을 배워도 더 빠르게 받아들이는지 아닌지의 차이가 있을 수 있습니다. 하지만 제가 확실히 말씀드릴 수 있는 건 고등 내신과 수능의 수준에서는 '공부에 유전적 재능이 없어도 노력만으로도 충분히 성공할 수 있다'는 사실입니다.

당연히 유전적으로 타고난 머리가 있다면 대학 입시까지 가는 과정이 다른 사람보다 편하겠지요. 하지만 유전적으로 타고난 재능이 없다고 해서 실패하는 것은 아닙니다.

51

물론 그렇지 않을 때도 있었습니다. 내신만을 반영하는 교과 전형이 더 많았던 예전에는 내신 성적이 좋지 않은 학생들은 대학 입시에도 불리했습니다. 그리고 수능에서 '킬러 문제'라고 불리는 최고난도 문제가 많았을 때는 노력만으로 풀기 힘든 경우도 분명 존재했습니다. 하지만 지금은 그렇지 않습니다.

이제는 수시 전형 중에서도 내신 성적을 포함하여 다양한 활동 기록을 반영하는 '학생부 종합전형'의 비중이 높아졌습니다. 내신 성적이 아쉽더라도 학교생활을 적극적으로 성실히 하면 만회할 기회의 폭이 넓어졌습니다. 특히 수능의 경우 최고난도 수준의 '킬러 문제' 비중은 줄어들고, 중상~상 난이도의 '준킬러 문제' 비중이 높아졌습니다. 그 뜻은 타고나지 않아도 노력만으로도 맞힐 수 있는 문제가 더 많아졌다는 것이고, 성실하고 끈질긴 노력이 유전적 재능보다 좋은 성과를 낼 가능성이 높아졌다는 뜻이기도 합니다.

만약 주변에 공부는 안 하는데도 성적이 잘 나오는 친구들을 보게 된다면 '결국 공부는 유전이구나…'라는 생각으로 부러워하거나 좌절하지 말길 바랍니다. 유전보다 노력의 결과가 언제 어떻게 빛을 발할지 모르는 세상입니다. 그러니 늘 여러분이 노력하는 매 순간의 가치를 믿으며 공부하길 바랍니다. 하루하루 묵묵히 노력한 순간이 쌓여 결국 목표한 바를 이루게 되리라 확신합니다.

에밀 쿠에의
자기암시법을 실천하라

에밀 쿠에의 자기암시법에 대해 들어보신 적 있나요? 책《자기암시》의 저자인 에밀 쿠에는 매일 저녁 잠자리에 누워 잠들기 전, 그리고 아침에 눈을 뜨고 일어나서 편안한 자세로 "나는 날마다 모든 면에서 점점 더 좋아지고 있다."라는 말을 반복하면서 자기암시를 하라고 주장합니다. 자기암시를 통해 자신이 날마다 나아지고 있음을 스스로 믿게 만드는 것입니다. 특히 자기 전이나 잠이 깬 직후는 인간의 무의식이 가장 활성화된 상태여서 이 시간대에 반복적인 자기암시를 하는 것이 효과적이라고 말합니다.

'매일 말로 암시를 한다고 해서 바뀌는 게 있겠어?'라고 생각하는 학생도 물론 있을 수 있습니다. 하지만 자기암시는 실행해서 절대로 손해 볼 게 없는 방법입니다. 돈이 드는 것도 아니고 그저 매일 아침, 그리고 자기 전에 잠깐만 시간을 내어 자신에게 심어주고 싶은 생각을 말하면 되는 것입니다.

이 책의 저자는 '나는 날마다 모든 면에서 점점 더 좋아지고 있다.'라고 말하라고 하지만 꼭 이 말이 아니어도 됩니다. 자신이 갖고 있는 목표를 대입하여 자기암시를 해 볼 수 있습니다. 예를 들어, '나는 이번 수학 시험에서 90점을 넘을 것이다.', '나는 이번 시험에서 전교 30등 안에 들 것이다.', '나는 꼭 의대에 진학할 것이다.'와 같은 목표여도 상관없습니다.

실제로 저의 경우는 고등학교 2학년 때 성적이 떨어지면서 목표를 이루지 못할 수도 있다는 불안감이 올라왔습니다. 그즈음 자기암시 이론을 접했고 의대 목표를 꼭 이루고 싶다는 간절한 생각에 '나는 무조건 의대생이 될 것이다.'라는 말을 매일 아침, 그리고 잠들기 전에 반복하여 말했습니다. 공부하기 싫고, 나태해지고 의지를 잃게 되는 순간이 와도 매일 이 암시를 반복하면서 늘 목표를 잊지 않으려고 노력했습니다. 결국 끝까지 완주하였고, 의대 합격이라는 최종 목표를 이뤄낼 수 있었습니다.

목표를 머리로만 생각하는 것보다 입으로 직접 내뱉고, 내뱉은 말을 다시 귀로 듣는 것이 더 확실하게 목표를 향해 나아가도록 하는 방법이 될 수 있습니다. 그러니 하루 딱 3분만 투자해서, 매일 아침,

그리고 자기 전에 자기암시를 시도해 보시길 바랍니다. 처음에는 어색하고 귀찮을 수 있습니다. 하지만 매일 하는 이 과정이 자신의 목표를 상기시켜 주는 소중한 역할을 하고, 여러분이 목표에 한 발짝 더 다가서는 중요한 계기가 될 것입니다.

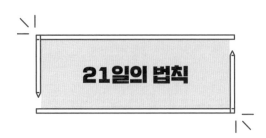

21일의 법칙

요즘은 정말 공부법에 관한 정보가 넘칩니다. 심화를 강조하는 공부법, 복습을 강조하는 공부법, 선행을 강조하는 공부법, 예습을 강조하는 공부법, 공부량을 강조하는 공부법, 휴식을 강조하는 공부법 등 유튜브를 검색하거나 수험생 커뮤니티만 들어가 봐도 다양한 공부법을 쉽게 찾아볼 수 있습니다.

학생들이 공부법을 실천하지 못하는 이유는 공부법을 몰라서가 아닙니다. 바로 그 공부법을 실천한다고 해도 과연 자신에게 도움이 될지, 그리고 그 공부법을 정말 본인의 습관으로 제대로 만들 수 있을지에 대한 확신이 없기 때문입니다.

사실 어떠한 공부법이든 결국 본질은 같습니다. 하나라도 꾸준히 한다면 분명 성적 향상에 도움이 됩니다. 그러니 일단은 공부법 하나를 정해 실천해 보는 것이 중요합니다. 이때 공부법을 나만의 습관으로 만드는 것이 무엇보다 중요합니다.

공부법이나 공부 태도를 자신의 '공부 습관'으로 만들기까지는 21일이 걸린다고 합니다. 이걸 '21일의 법칙'이라고 부릅니다. 미국 캘리포니아 대학의 존 그라인더 교수와 심리학자 리차드 벤틀러는 NLPNeuro Linguistic Programming 이론을 만듭니다. 이 이론의 내용 중에 '21일'에 대한 언급이 나옵니다. 21일은 생각이 대뇌피질에서 뇌간까지 내려가는데 걸리는 최소한의 시간으로, 생각이 뇌간까지 내려가면 그때부터는 의식하지 않아도 습관적으로 행하게 된다는 것입니다. 즉, 어떤 습관이든 일단 21일만 버티면서 꾸준히 실천하면, 자신의 습관으로 확실히 만들 수 있다는 의미입니다. 실제로 저도 이 '21일 법칙'의 효과를 느낀 적이 있습니다. 바로 공부 플래너 쓰는 습관을 익힐 때였습니다.

중학교에 진학한 후부터 제대로 플래너를 써야겠다는 마음으로 시작했지만, 자꾸만 플래너 쓰는 게 귀찮게 느껴져 일주일도 실천하지 못한 채 포기한 적이 많았습니다. 그러다가 '21일의 법칙'을 접하게 되었고, 딱 3주만 제대로 해 보자는 생각으로 매일 꾸준히 플래너를 쓰기 시작했습니다. 그렇게 3주 정도 지나니 플래너를 쓰는 습관이 어느덧 익숙해지게 되었고, 중고등 내내 플래너를 쓰면서 좀 더

57

계획적이고 효율적인 공부를 실천할 수 있었습니다.

　새로운 공부법이나 공부 습관을 시작할 때는 두려움이 큽니다. 내가 이걸 시작하지만 정말 꾸준히 할 수 있을지에 대한 의문도 많이 듭니다. 물론 처음에는 누구나 힘이 듭니다. 안 하던 걸 갑자기 하게 되면 귀찮고 어색해서 포기하고 싶은 순간도 생깁니다. 하지만 습관이 자리 잡는 데 21일이 걸린다는 사실을 떠올려 봅시다. 단 3주입니다. 3주만 실천하면 됩니다.

　이제 '21일의 법칙'을 알게 되었으니 새로운 공부나 공부 습관을 시도할 때 이 법칙을 떠올리며 실행해 보길 바랍니다. 일단 딱 3주만 집중해서 매일 꾸준히 해보는 겁니다. 분명히 변화가 찾아오고 달라진 나의 모습을 느낄 수 있을 것입니다.

'High risk, high return.'이라는 유명한 말이 있습니다. 더 큰 위험을 감수해야 더 큰 이익을 얻을 수 있다는 뜻이죠. 특히 주식과 같은 투자 상황에 많이 사용되는 말입니다. 하지만 아무런 위험을 감수하지 않고도 큰 이익을 얻을 수 있는 것이 있습니다. 그게 무엇일까요? 바로 '공부'입니다.

공부하는 데에는 위험 부담이 존재하지 않습니다. 공부한다고 해서 돈을 잃거나, 건강이 안 좋아지는 등의 불이익이 생기지 않습니다. 그저 시간만 투자하면 누구나 할 수 있는 것이 공부이고 공부를 열심히 했을 때 얻게 되는 이익은 엄청납니다. 성적이 올라갈수록 여러분이 원하는 대학에 갈 수 있는 확률도 당연히 높아집니다. 지금 당장

59

꿈이 없더라도 나중에 선택할 수 있는 진로의 폭이 훨씬 더 넓어집니다. 공부를 열심히 하여 성적이 오르는 경험을 통해 '노력의 힘'을 깨닫기도 합니다. 무언가 자신의 노력으로 해낼 수 있다는 걸 스스로 확인하는 경험은 당장은 사소해 보일지라도 성인이 된 후에 큰 자산이 됩니다.

대학생만 되더라도 공부에만 집중할 수 있는 시간이 부족해집니다. 당장 취업이라는 현실을 앞두고 공부뿐만 아니라 각종 대외 활동을 챙기고, 때로는 생활비를 벌기 위해 알바를 해야 하기도 합니다. 공부에만 오로지 집중하기 어려운 환경이죠. 하지만 중고등 시기는 스스로 마음만 먹으면 공부를 시작할 수 있는 환경입니다. 부모님의 든든한 지원 속에서 아무런 위험 부담 없이 공부에만 몰입할 수 있는 최적의 환경이 주어집니다.

이 시기에 공부는 위험 부담 없이 최대의 이익을 누릴 수 있는 수단입니다. 만약 공부가 불이익을 주는 것이라면, 저는 여러분에게 절대 공부를 강요하거나 권할 수 없을 것입니다. 아무런 위험 부담 없이 큰 이익을 얻을 수 있는 공부, 오로지 공부에만 몰입할 수 있는 중고등 시기에 열심히 하는 것이 좋겠습니다. 이러한 점을 잘 이해한다면 공부를 바라보는 여러분의 시선도 달라질 것입니다.

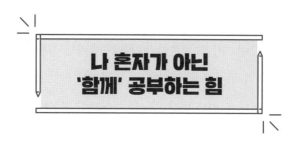

중고등 시기에 그 힘든 공부를 '나 혼자'만 하고 있다고 가정해 봅시다. 어떨까요? 주변에 다른 친구들은 전부 다 놀고 있고, 나 혼자만 공부해야 하는 상황이라면 당연히 공부 의지를 계속해서 유지하기 힘들고, 더 쉽게 지치고, 더 빠르게 포기하고 싶어질 것입니다. 혼자서 무엇인가를 끈기 있게 하기란 그만큼 쉽지 않은 일입니다.

저는 중학교 2학년 때 한국사능력검정시험을 혼자서 준비했던 경험이 있습니다. 평상시에 학교 시험공부도 열심히 해 왔던 만큼 충분히 잘 볼 수 있을 거라는 기대가 있었습니다. 하지만 시험을 준비하는 과정은 정말 힘들었습니다. 주변 친구들, 또는 주변의 자극 없이 혼자서 준비하려니 공부 의지도 부족해지고, 자꾸만 공부를 미루게 되고, 쉽게 지치는 느낌이 들었습니다. 학교 시험은 준비할 때 나 혼자서만 공부하지 않습니다. 같은 시험을 두고 주변 친구들도 열심히 함께 공부하기 때문에 거기에서 새로운 자극을 받으면서 지치지 않고 힘을 내서 공부할 수 있습니다.

또래 친구들이 아무도 공부하지 않는데, 혼자만 공부해야 하는 상황이라면 당연히 공부를 왜 해야 하는지 의문이 들고 공부를 거부하게 되기 쉽습니다. 하지만 또래 친구들 대부분이 학교에 다니고 수업을 들으며 배우고 있습니다. 집에서 하든, 학원에서 하든, 시간과 방법은 달라도 다들 공부하는 상황입니다. 이럴 때 나도 함께 공부해 보자는 마음을 갖기 좋습니다. 주변의 모습을 보며 힘을 얻고 공부에 더 집중할 수 있게 됩니다.

만약 다들 공부하는 시기에, 나 혼자만 공부가 싫다는 이유로 하지 않게 되면 어떨까요? 다른 친구들이 이미 다 끝내둔 공부를 따라잡기 위해 남들이 쉴 때 홀로 공부해야 하는 상황이 생길 수 있습니다. 입시에 실패하고 재수를 해야 할 상황 역시 이 경우에 포함되겠지요. 남들과 다른 시기에 홀로 공부한다는 건 정말 외롭고, 견디기 힘든 과정입니다. 그런 상황이 온다면 어쩔 수 없겠지만, 되도록 다른 친구들이 공부하는 시기에 여러분도 꼭 동참하여 함께 공부에 집중하길 바랍니다. 함께 공부하는 힘이 분명 큰 도움이 될 것이라 확신합니다.

공부는 멘탈 게임이다

성적이 안 나와
고민하는 너에게

성적이 잘 나오지 않아서 걱정인가요? 분명 열심히 공부한 것 같은데 원하는 결과가 나오지 않아 화가 나나요? 혹시 그런 학생들이 있다면, 지금부터 제가 하는 이야기를 귀 기울여 들어주길 바랍니다.

이럴 때는 먼저 내가 나의 노력을 과대평가하고 있는 것은 아닌지 돌아볼 필요가 있습니다. '아니, 시험 기간 동안 하루도 쉬지 않고 열심히 공부했는데.' 혹시 이런 생각이 드나요? 하지만 그것만으로 특별하다고는 할 수 없습니다. 누구나 상위권 성적을 원한다면 그렇게 합니다. 여러분이 다른 친구들보다 더 좋은 성적을 받고자 한다면 이미 상위권 학생들이 하는 '만큼'이 아니라 상위권 학생들보다 더 많이 노력해야 합니다. 여러분 생각에는 평소보다 더 열심히 공부한

63

것일 수 있지만, 다른 친구들과 비교했을 때는 그리 특별하지 않은 적당한 수준의 공부량일 수 있다는 겁니다. 내가 평소 하는 것보다 더 많이 공부했다는 이유만으로 스스로 공부량을 과대평가하고 있는 건 아닐지 냉정히 돌아볼 필요가 있습니다.

두 번째로는 성적이 오르기까지는 당연히 오랜 시간이 걸린다는 점을 기억할 필요가 있습니다. 만약 여러분이 중등 3년 동안 열심히 공부하지 않다가 갑자기 고등학생이 되면서부터 공부를 시작했다고 가정해 봅시다. 고등학생이 되어 3개월 동안 열심히 공부했다고 해서 바로 최상위권이 될 수 있을까요? 아닐 것입니다. 여러분이 경쟁해야 하는 대상은 중등 3년 내용을 이미 열심히 끝내 둔 친구들입니다. 이미 날려 버린 중등 3년 공부를 만회하기 위해서는 당연히 어느 정도의 인내심과 충분한 시간이 필요합니다. 절대로 성적을 올릴 수 없다는 것이 아니라, 고작 몇 개월 공부만으로 무조건 좋은 성적을 받을 거라는 기대는 위험할 수 있다는 이야기입니다. 당장 눈에 보이는 성적 상승이 없더라도, 공부를 안 하는 것보다 하는 것이 더 나은 만큼 꾹 참고 조금만 더 버티고 해 보세요. 분명 어느 지점이 되면 성적이 빠르게 오르는 순간이 생길 것입니다.

세 번째로는 무조건 본인이 노력한 만큼 성적이 나올 거라는 잘못된 믿음을 갖는 것입니다. 열심히 공부하고 노력한 만큼 성적이 나온다면 좋겠지만 현실은 그렇지 않습니다. 평상시에 개념 공부를 열심히 하고 문제를 잘 풀었더라도, 실제 시험에서는 여러분이 처음 보는 낯선 문제도 많이 나옵니다. 시간제한 속에서 문제를 풀다 보니 긴장한 탓에 실수하거나 급하게 풀다가 실력이 발휘되지 않기도 합니다. 그러니 100만큼 노력하고 100의 결과를 바랄 생각을 하기보다는 최소한 150만큼은 노력해야 100의 결과가 나온다는 생각으로 임하는 것이 좋습니다.

공부에는 끝이 없습니다. 적당한 수준으로 공부한 뒤 스스로 만족하고 자만하기보다 할 수 있는 데까지 최선을 다해 최대한 열심히 공부해 두는 것이 좋겠습니다.

· Level 3 ·

| 현실 인식 |

달라지는 교육과정 이해하기

CASE 3

새롭게 바뀌게 될 입시 제도가 궁금한
예비 고1 준민이

준민 : 멘토님, 제가 최근에 '2028 대입 개편안'에 따라 입시 제도가 달라진다는 이야기를 들었는데, 구체적으로 어떻게 달라지는 건지 이해하기 어렵더라고요. 입시 제도가 언제부터 어떻게 적용되는 건가요?

민찬 멘토 : 2028 대입 개편안은 2028학년도 수능을 보는 학생, 즉 2025년에 고1이 되는 학생들부터 적용돼. 그리고 '고교학점제'와 '2022 개정 교육과정'도 이 때부터 본격적으로 적용되기 시작하지.

준민 : 아 그렇군요! 제 형이 지금 대학교 1학년인데, 앞으로 입시 제도가 형이 중고등학생일 때와는 많이 달라질 거라고 하더라고요. 구체적으로 어떤 것들이 달라지나요

민찬 멘토 : 우선 큰 변화 중 하나는 내신 등급제의 변화야. 이전까지는 내신이 '9등급제'였는데 이제 '5등급제'로 바뀌게 돼. 좀 더 자세히 살펴보면, 9등급제에서는 전체 학생 중 4% 이내에 들어야 1등급, 11% 이내에 들어야 2등급을 받을 수 있었어. 근데 2025년 고1부터는 5등급제로 개편되면서 전체 학생 중 10% 이내에 들면 1등급, 34% 이내에 들면 2등급을 받게 돼.

준민 : 4%, 11%, 10%, 34%라고 하니 뭔가 정확히 와닿지 않네요. 좀 더 자세히 설명해 주실 수 있을까요?

민찬 멘토 : 만약 한 학년에 100명이 있다고 가정해 볼게. 원래 이전까지는 내신에서 한 학년 인원의 4%인 4등 안에 들어야 1등급을 받았어. 근데 2025년에 고1이 되는 학생들부터는

10%인 10등 안에 들면 1등급, 그다음부터 34%까지인 34등 안에 들면 2등급을 받을 수 있게 되는 거지.

준민 : 아, 그러면 예전보다 등급을 따기 편해지고 대학 가기도 쉬워지는 거네요!

민찬 멘토 : 아니, 꼭 그런 건 아니야. 우선 겉으로만 보면 내신 부담이 사라진 것처럼 보이지만 1등급을 받을 수 있는 학생 수 자체가 늘어난 만큼 더 이상 내신 성적만으로는 변별이 어려워지게 돼. 그 이야기는 결국 대학 입시에서 내신 성적만큼 생활기록부, 수능 최저 학력 기준, 면접 등 챙겨야 할 것이 더 많아진다는 의미고, 공부 이외의 부담이 더 늘게 될 수도 있는 거지.

준민 : 아, 그렇군요! 입시 변화에 대해 미리 잘 알고 있어야 할 거 같아요. 그리고 혹시 또 다른 부분에서도 바뀌는 게 있나요?

민찬 멘토: 2028 대입 개편안과 고교학점제에 대해 이야기하고 싶은 것들을 이번 Level 3에 자세히 설명해 두었어. 꼼꼼히 읽어 보면 도움이 될 거야!

준민: 네, 알겠습니다! 꼼꼼히 읽고 달라지는 입시 제도에 대해 제대로 이해하고 대비해야겠어요.

'고교학점제'에 대비하여 먼저 해야 할 것

지금까지 학생들은 일부 선택 과목을 제외하고 주어진 교육과정에 따라 수업을 들었습니다. 하지만 고교학점제가 시행되면 학생들이 자신의 진로에 따라 원하는 과목을 직접 선택하여 수업을 듣게 됩니다. 고교학점제는 학생이 기초 소양과 기본 학력을 바탕으로 진로, 적성에 따라 과목을 선택하고, 이수 기준에 도달한 과목에 대해 학점을 취득하고 누적하여 졸업하는 제도입니다. 2025년에 고1이 되는 학생들부터 본격적으로 시행됩니다.

고교학점제 공식 홈페이지www.hscredit.kr에는 고교학점제의 취지에 대해 다음과 같이 나와 있습니다. 학생 맞춤형 교육을 제공하여 학생의 학습 동기와 흥미를 유발하고, 학생들의 진로 개척 역량과 자기

73

주도적 학습 습관을 기를 수 있도록 하며, 학생 개개인의 다양성을 지원하기 위한 것이라고 말이죠. 이러한 취지에서 2025년부터 본격 도입되는 고교학점제를 대비하기 위해 학생들은 고등학교 진학 전에 무엇을 해 두는 것이 좋을까요?

우선 진로에 대해 더 깊이 있게 고민하는 시간을 갖는 것이 좋습니다. 예전에는 학교에서 정해 준 수업만 열심히 들으면 되었지만, 이제 고등학생이 되면 여러분 스스로 자신의 진로에 어울리는 과목을 직접 선택해야 합니다. 진로가 명확하지 않다면 당연히 과목을 선뜻 고르기도 어려운 상황이 올 것입니다. 그러니 '그저 먼 미래의 일'이라고 막연하게 생각하기보다는 자유학기제와 방학을 활용하여 꼭 진로에 대해 적극적으로 고민하고 탐색해 보길 바랍니다.

진로를 찾고자 할 때는 '진로정보망 커리어넷www.career.go.kr', '워크넷www.work.go.kr'과 같은 사이트를 활용하여 청소년 대상 직업흥미검사나 적성검사, 직업가치관검사 등을 해 보는 것도 좋습니다. 교육부가 운영하는 진로체험 지원 플랫폼인 '꿈길www.ggoomgil.go.kr'이나 창의체험 정보와 자료를 얻을 수 있는 '크레존 창의인성교육넷www.crezone.net' 같은 사이트에 들어가면 다양한 진로 체험 활동 정보를 얻을 수도 있습니다. 직접 진로 체험에 참여하고 경험해 보는 것도 하나의 방법이 될 수 있습니다.

구체적인 직업을 정하지 않더라도 대략적인 계열을 고등 진학 전에 정해 두는 것도 좋습니다. 계열은 크게 인문 사회 계열, 자연 과학 계열, 공학 계열, 예술·체육 계열, 교육 계열 등 다섯 계열로 나눕니다. 평소 어떤 걸 할 때 흥미로운지, 나의 장점을 살릴 수 있는 계열은 어느 쪽인지를 스스로 충분히 고민하고, 부모님, 선생님, 친구들과도 자유롭게 이야기 나누어 봅니다. 이렇게 진로에 대해 앞서 충분히 고민하는 시간을 갖는 것이 고등학교에 진학하여 고교학점제에 잘 적응하는 첫 번째 방법이 될 것입니다.

〈 3문장 요약 〉

1) 2025년 고1부터 전국 고등학교에서 '고교학점제'가 본격 시행됩니다.

2) 고교학점제는 자신의 진로에 따라 학생이 과목을 '직접 선택'하여 이수하고 학점을 취득하는 제도입니다.

3) 진로에 맞게 과목을 선택하려면, 고등 진학 전에 진로 적성 검사나 진로 체험 프로그램을 통해 진로에 대해 깊이 있는 고민을 해 두는 것이 도움이 됩니다.

9등급제에서 5등급제로 바뀌며 달라지는 것들

기존에 고교 내신은 9등급제였습니다. 1등급부터 9등급까지 있었고, 상위 4% 이내는 1등급, 상위 11% 이내는 2등급, 상위 23% 이내는 3등급 이런 식으로 9등급까지 나뉘어 있었죠. 2025년 고1부터는 내신 9등급제가 폐지되고 '5등급제'로 바뀝니다. 개편되는 5등급제는 모든 과목에 절대평가(A~E)와 상대평가(1~5등급) 성적을 병기하되 사실상의 상대평가 체제로 운영하게 됩니다. (사회·과학 융합선택 9과목에 대해서만 석차 등급을 함께 적지 않는 절대평가로 평가.)

표와 같이 내신 5등급제에서는 총 다섯 개의 등급으로 나뉘어 상위 10% 이내는 1등급, 상위 34% 이내는 2등급, 상위 66% 이내는 3등급이 됩니다. 예를 들어, 한 학년 학생 수가 200명이라면 기존의

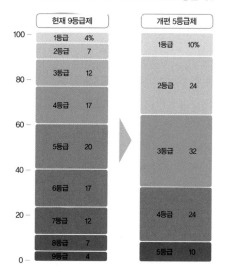

자료 : 교육부

내신 9등급제에서는 8등 안에 들어야 1등급, 9등부터 22등까지가 2등급, 23등부터 46등까지가 3등급이었습니다. 그러나 5등급제에서는 20등까지 1등급, 21등부터 68등까지 2등급이 됩니다. 기존 9등급제에서 2등급 정도 성적의 학생이 5등급제에서는 '1등급'을 받을 수 있게 되고, 기존 9등급제에서 4등급 중반 정도 받을 성적의 학생이 5등급제에서는 '2등급'을 받을 수 있게 되는 것입니다.

이렇게 언뜻 보면 내신 5등급제가 되면 내신 성적을 받기 편해진다고 생각할 수 있습니다. 하지만 현실은 그렇지 않습니다. 9등급제 기준으로 기존의 상위권 대학에 지원하려면 내신 '2등급 이내'는 되어야 지원해 볼 만 했습니다. 하지만 기존 9등급제에서 2등급 이내였던 '상위 11%'는 새로 도입되는 5등급제에서 1등급인 '상위 10%'와 거의 같은 비율입니다. 그러니 2025년 고1부터는 상위권 대학을 목표로 한다면 '전 과목 1등급'을 목표로 해야 하는 상황이 됩니다. 이는 2등급 하나가 상당히 치명적인 성적이 될 수 있다는 뜻이기도 합니다. 내신이 5등급제로 바뀌면서 좋은 등급을 받기 쉬운 것처럼 보이기도 합니다만, 오히려 최상위 대학이 목표인 학생들은 한 과목이라도 2등급이 나오지 않도록 방심하지 말고 더욱 열심히 해야 하는 상황입니다.

여기에 고교학점제까지 있습니다. 고교학점제에서는 전교생이 원하는 과목을 직접 '선택'해야 합니다. 절대평가로만 평가되는 사회·과학 융합 선택 9과목은 상관없겠지만, 그 이외의 선택 과목들은 몇 명이 선택하느냐에 따라 1등급을 받을 수 있는 상위 10%에 해당하는 인원수도 달라집니다. 만약 진로 선택 과목 중 '생물의 유전'이라는 과목을 30명만 선택했다면, 이때 1등급을 받으려면 30명 중 상위 10%인 3등 이내가 되어야 합니다. 말처럼 쉽지 않은 상황입니다.

또한 고교 3년간 50여 개 과목의 내신 시험을 봐야 하기에 결코 앞으로의 공부가 더 편해진다거나 공부량이 줄어드는 건 아니라는 점도 기억할 필요가 있습니다. 그러니 내신 등급제가 달라진다고 하여 절대로 방심하지 말고, 오히려 중등 시기에 기본기를 잘 다지며 열심히 공부하겠다는 마음가짐을 갖는 것이 좋겠습니다.

물론 내신이 5등급제로 개편되면 이제 대입 수시 전형에서도 내신 성적만으로는 어떤 학생을 뽑을지 변별하기 어려워지기에 내신 성적 이외의 요소들이 중요해질 가능성이 큽니다. 예상되는 주요 요소는 바로 생활기록부와 수능 최저 학력 기준, 그리고 면접입니다. 특히 대학들은 내신 변별력이 떨어지면서 수능 최저 학력 기준을 더 엄격하게 바꾸거나 심층 면접을 추가하는 등의 변화를 꾀할 수밖에 없을 것입니다.

여기서 수능 최저 학력 기준이란 대학별로 입시 지원자들에게 정해 놓은 수능 성적의 하한선입니다. 생활기록부나 논술 등 대학별 고사에서 최고 점수를 받더라도 각 대학에서 설정한 수준 이상의 수능 점수를 얻지 못하면 최종 불합격하는 제도입니다. 만약 어떤 대학의 수능 최저 학력 기준이 '국어, 수학, 영어, 과학탐구(2과목 중 하나) 총 4개 과목의 등급을 합쳐서 6등급'이라고 한다면, 국어 1등급, 수학 1등급, 영어 2등급, 물리 2등급이면 최저 기준을 통과하는 것입니다. 이제 내신 성적 자체의 변별력이 줄어들면서 대학들이 그 기준을 더 강화하여 등급 합을 6등급에서 5등급으로 상향하는 식으로 바꿀 수도 있고, 수능 최저 학력 기준을 두지 않던 학교들도 이를 도입할 가능성이 있습니다.

그러니 고등학교에 가서는 평소 학교 수업이나 활동에 적극적으로 참여하며 생활기록부를 관리하고, 방학과 내신 시험 기간이 아닌 시기를 활용해 틈틈이 수능 공부를 하며 수능 최저 학력 기준을 대비해야 한다는 점을 충분히 염두에 두는 것이 좋겠습니다. 또한 면접은 논리적으로 말하기의 영역인 만큼, 평소 교내 토론 대회나 수업 시간에 발표, 또는 토론 활동에 적극적으로 참여하면서 경험을 쌓는 것이 현실적 도움이 될 것입니다.

〈 3문장 요약 〉

1) 기존의 내신 9등급제가 2025년 고1부터 내신 5등급제로 바뀝니다.

2) 5등급제에서는 내신 부담이 줄어든다고 생각할 수도 있지만, 5등급제로 바뀌더라도 '상대평가'인 만큼 치열한 경쟁은 여전할 것입니다. 최상위 대학을 목표로 한다면 방심하지 말고 '전 과목 1등급'을 목표로 더욱 열심히 공부해야 합니다.

3) 내신 시험 성적만으로는 변별력이 떨어지는 만큼 앞으로는 대입에서 지금보다 생활기록부나 수능 최저 학력 기준, 면접 등의 영향력이 강화될 것입니다. 생활기록부 관리, 방학과 비 내신 기간을 활용한 수능 대비 등을 염두에 두고, 평소 발표나 토론 등의 활동에 적극적으로 참여한다면 도움이 될 것입니다.

논·서술형 위주로의
내신 시험 변화

2028 대입 개편안을 발표하며 교육부는 앞으로 고등학교 내신 시험에 다양한 평가 방식을 확산하겠다고 밝혔습니다. 5지선다형 같은 지식 암기 위주의 평가는 지양하고, 사고력과 문제해결력을 평가할 수 있는 논·서술형 평가를 강화하겠다고 한 것입니다.

교육부는 이와 함께 기존 내신에서 논·서술형 문항 출제 관련 기준이 미미했던 만큼, 앞으로는 논·서술형 문항만으로도 내신 평가가 가능하도록 근거를 마련하겠다고 하였습니다. 이는 앞으로 2025년 고1 학생들부터 보게 될 고등 내신 시험은 더 이상 단순 객관식 위주가 아니라는 것을 의미합니다. 이에 따라 중등 시기부터 논·서술형 시험에 익숙해지도록 연습하는 것이 필요합니다.

만약 본인이 평소에 논리적으로 글을 쓰는 걸 어려워하는 이과 성향이라면, 고등 진학 전에 제대로 약점을 보완할 필요가 있습니다. 논리적으로 글을 쓰는 능력은 수행평가에서도 어느 과목이든 중요하고, 특히 이제는 내신 시험도 논·서술형 위주가 되는 만큼 자신이 조금이라도 부족하다는 생각이 든다면 연습해야 합니다.

만약 중등 시기에 국어 학원에 다닌다면 저는 국어 선행이나 내신에 집중하는 학원을 다니기보다 독서토론이나 논술을 배울 수 있는 학원에 다닐 것을 추천합니다. 전문적이고 체계적인 수업을 통해 이러한 부분을 확실히 보완하는 것이 앞으로 더욱더 의미 있는 사교육이 되리라 생각하기 때문입니다.

이외에도 EBS 중학 사이트에 들어가 내신 대비 학습, 시험 대비 강좌, 교과서별 서술형·수행평가 탭을 차례로 클릭하면 무료로 서술형 대비 인터넷 강의를 들을 수 있습니다. 내게 맞는 서술형 강의를 찾아 들어보는 것도 추천합니다. 또는 문제은행 사이트를 활용하여 중등 내신 범위에서 서술형 문제들만 따로 출력해 풀어 보는 연습을 해도 좋겠습니다.

무엇보다 중등 3년 동안 토론 대회나 말하기 대회, 또는 수업 중 특정 주제를 가지고 발표할 기회 등이 있다면 적극적으로 참여하면서 논리적으로 글을 쓰고 말하는 연습을 해 두기를 권합니다.

〈 3문장 요약 〉

1) 2025년 고1부터는 고등 내신에서 논·서술형 평가가 확대됩니다.

2) 논·서술형 대비를 위하여 논리적으로 글쓰기, 말하기 능력이 부족하다고
   생각한다면 중등 시기에 약점을 보완하는 것이 좋습니다.

3) 독서 토론 및 논술 학원, 서술형 대비 문제 풀이 및 인강, 글쓰기·말하기 관
   련 활동 참여 등 여러 방법으로 중등 시기부터 논·서술형 시험에 대비하
   기를 권합니다.

Level 3. 달라지는 교육과정 이해하기

04

수능 수학의 변화, 내신과 생활기록부 더 중요해진다

기존 수능에서 수학 영역은 '수학1', '수학2'가 공통 과목이었고, '확률과 통계', '미적분', '기하' 중 1과목을 선택하는 방식이었습니다. 문과 계열 학생들은 대부분 '확률과 통계'를, 이과 계열 학생들은 대부분 '미적분', '기하' 중 한 과목을 선택하는 것이 일반적이었습니다. 하지만 2025년 고1이 되는 학생들이 수능을 보는 시기인 2028학년도부터는 수능 수학 범위가 선택 과목 없이 '대수(기존의 '수학1'과 유사)', '미적분1(기존의 '수학2와 유사')', '확률과 통계'를 공통으로 보는 방식으로 개편됩니다. 즉, 기존의 문과 학생들이 보던 시험 과목과 거의 같게 수능을 보고, '미적분2'와 '기하'는 수능에 포함되지 않게 되는 것입니다.

이에 대해 일부 이공계 대학들이 반발하기도 했습니다. '미적분2' 와 '기하'는 이공계 대학에서 배우는 학문의 가장 기본이 되는 이론이기에 수능에서 해당 내용이 빠지면 학생들이 공부를 제대로 하지 않은 채 대학에 올 것에 대한 우려가 컸기 때문입니다.

이에 대해 교육부는 공식 자료를 통해 '대학은 학생부를 통해 학생의 수학적 역량과 심화학습(미적분2, 기하) 여부를 충분히 확인할 수 있다'라고 밝힙니다. 이 말이 무슨 뜻일까요? 수능에 '미적분2'와 '기하'가 없는 대신 대학이 학교생활기록부를 통해서 학생의 역량을 평가할 수 있다는 이야기를 한 것입니다. 이는 즉, 정시 전형이라고 해서 더 이상 수능 성적만 좋아서는 안 되며, 정시 전형을 준비하더라도 고등 3년 동안 내신과 생활기록부 관리를 동시에 해야 한다는 의미이기도 합니다.

실제로 이미 서울대는 2021학년도 수능부터 정시 전형에 교과 이수 가산점을 신설하였고, 고려대는 2023학년도 수능부터 수능 100%로 선발하는 전형과 별도로 수능 - 교과 우수 전형을 신설하였으며, 연세대는 2026학년도 수능부터 정시 전형에 학교생활기록부 평가를 반영한다고 밝혔습니다. 이렇듯 이미 주요 대학이 정시 전형에 오로지 '수능 성적 100%'가 아닌 고등 내신 및 생활기록부 관련 요소를 넣는 추세이고, 이는 앞으로 더 많은 대학으로 확대될 것으로 보입니다.

예전에는 정시 전형을 준비하면 수능만 잘 보면 된다는 인식이 강했습니다. 하지만 이제는 다릅니다. 새로운 입시 제도하에서는 수능만 잘 보면 된다는 생각으로 고등 3년 동안 내신이나 학교 활동에 소홀하면 안 된다는 점을 명심하면 좋겠습니다.

〈3문장 요약〉

1) 2025년 고1이 수능을 보는 2028학년도 수능부터 수학 범위에 '미적분2'와 '기하'가 제외됩니다.

2) 교육부는 '미적분2'와 '기하'가 수능에서는 빠졌으나 학교생활기록부를 통해 이 두 과목에 대한 이수 여부와 역량을 확인할 수 있다고 하였습니다. 이는 정시 전형이더라도 수시 요소인 내신이나 학교생활기록부가 입시에 반영될 수 있다는 의미로 해석할 수 있습니다.

3) 실제로 서울대, 고려대, 연세대 등 상위 대학들의 입시 요강이 정시 전형이라 하더라도 수능 100%가 아닌 수시 요소를 포함하는 형태로 변화하고 있고 더 많은 대학이 이러한 추세로 변화할 것으로 예상됩니다. 그러니 앞으로는 정시 전형을 준비하더라도 고등 3년 동안의 내신과 생활기록부 관리를 소홀히 해서는 안 됩니다.

공부는 멘탈 게임이다

05

융합 역량 강화, 그리고 고등학교 선택에 대한 고민

기존 수능에서 탐구 영역은 문과 계열이라면 사회 9과목 중 두 과목을 선택하여 시험을 보고, 이과 계열이라면 과학 8과목 중 두 과목을 선택하여 시험을 봐야 했습니다. 하지만 이제 2025년 고1 학생들이 수능을 보는 2028학년도 입시부터는 선택 과목 없이, 문·이과 구분 없이 누구나 '통합사회', '통합과학' 시험을 보게 됩니다.

교육부는 이에 대해 과목 간 유불리를 없애고 '융합적인 학습을 유도하기 위한 목적'이라고 밝히고 있습니다. 이제는 어느 한 과목만 잘하면 되는 것이 아니라는 뜻입니다. 사회만, 과학만 잘하는 것이 아니라 사회도, 과학도 잘하는 '융합형 인재'가 되어야 한다는 이야기입니다.

실제로 대학 입시에서 '융합 역량'은 점점 더 중요해지고 있습니다. 의대나 이공계열에 가고 싶다고 하여 수학, 과학만 잘하면 되는 것이 아닙니다. 국어, 사회, 영어, 기타 과목도 잘해야 합니다. 학교 활동을 열심히 하며 생활기록부도 잘 챙겨야 하고, 수능 공부도 틈틈이 해야 합니다. 단순히 인지적 능력만이 아니라 실행력과 소통 능력을 포함한 다방면의 능력과 통합적 역량을 함께 보여야 최상위 대학 진학이 가능해집니다.

현재 중학생 여러분은 고등학교 선택을 앞두고도 고민이 많을 것입니다. 입시 제도가 크게 변화하는 속에서 당장 특목고나 자사고가 유리하다, 또는 일반고가 유리하다고 단정 지어 말하기는 어려워 보입니다.

다만 제 개인적인 생각으로는 중등 상위권 친구들 사이에서 특목고와 자사고를 목표로 공부하는 학생들이 더욱 많아질 것으로 예상됩니다. 내신 5등급제가 되면서 공부를 잘하는 학생들이 모여 있는 특목고·자사고에서도 내신 경쟁에 대한 부담이 9등급제보다는 완화될 것이고, 이렇게 과도기 상황에서는 학교에 내부 커리큘럼이 잘 잡혀있는 특목고·자사고에 가는 것이 더 안정적이라고 판단하는 학생들이 많을 것이기 때문입니다.

이와 연동하여, 만약 중등 상위권 학생들의 특목고·자사고 선호도가 높아져 공부를 잘하는 학생들이 특목고·자사고로 다수 빠져나간다면 일반고에서는 오히려 중등 상위권이나 중하위권 학생들이 더 좋은 내신 등급을 받을 기회가 될 수도 있습니다.

앞서 2028 대입 개편안이 적용되면서 앞으로 생활기록부의 중요성이 더 강조되고 수능 최저 학력 기준이 강화될 것이라고 이야기했습니다. 이런 부분에서 특목고·자사고는 자체 커리큘럼이 탄탄한 만큼 생활기록부 관리나 수능 대비 측면에서 유리할 수 있습니다. 일반고에 간다면 생활기록부 관리 측면에서는 스스로 좀 더 다양한 활동들을 찾고 시도하는 노력이 필요할 수 있지만, 안정적인 내신 성적을 받는 데에는 더 유리할 수 있습니다.

수능 공부도 학교 차원에서 지원이 다소 부족할 수 있는 지방 일반고 같은 경우는 인강 등을 활용하여 스스로 수능 공부 대비를 병행하는 것이 경쟁력 확보 차원에서 중요하다고 강조하고 싶습니다. 내신 5등급제라도 여전히 1등급을 확실히 확보하는 건 중요합니다. 중등 상위권이라면 일반고에 진학하여 안정적인 1등급을 받으면서 생활기록부 관리와 수능 공부에 시간을 투자하는 것도 하나의 방법이 될 수 있겠습니다.

특목고·자사고를 선택하는 것과 일반고를 선택하는 것 사이의 유불리를 언급하기는 어렵지만, 둘 중 하나를 선택했을 때 중등 시기 공부의 방향이 달라진다는 점은 확실합니다. 일반고 진학이 목적이라면, 중등 시기 내신이 중요하지는 않은 만큼 큰 부담 없이 중등 3년

89

을 보내되 평균 1년 정도 앞서는 선행 정도만 해 두더라도 고등 대비를 할 수 있습니다.

만약 특목고·자사고를 목표로 한다면 일단 중등 3년 동안 내신 대비를 철저히 해야 하며, 선행에 대해서도 일반고를 준비하는 학생들보다 빠르게 앞서 나갈 필요가 있습니다. 그러니 중학생 때 부모님, 선생님과 고등학교 선택 문제에 대해서 깊이 있는 대화를 자주 나누고, 결정한 후에는 그에 따른 별도의 공부 계획을 세운 후 실행해 나가야 합니다.

다음에 나오는 Level 4 중등 과목별 공부법은 실제 제 중등 경험과 약 500명이 넘는 중고등학생 상담 경험, 그리고 2028 대입 개편안을 바탕으로 정리한 과목별 공부법입니다. 어떠한 형태의 고등학교에 진학하더라도 꼭 해 두면 좋을 최소한의 공부 범위를 설정해 두었으니 참고하시길 바랍니다.

〈 세 문장 요약 〉

1) 2025년 고1 학생들이 수능을 보는 시기인 2028학년도부터는 '융합 역량'이 강조되어 수능 탐구 영역에서 계열과 상관 없이 누구나 '통합사회'와 '통합과학' 시험을 보게 됩니다.

2) 특목고·자사고와 일반고 중 어떠한 학교를 선택하는 것이 유리할지 단정 지어 말할 수는 없지만, 각각의 장단점이 있는 만큼 자신의 상황에 맞추

어 충분한 고민이 필요합니다.

3) 특목고·자사고와 일반고를 목표로 하는 중학생들의 공부 방향은 차이가 있는 만큼 심사숙고하여 선택하길 바랍니다.

91

· Level 4 ·

| 중등 과목별 공부법 |

의대생의
'중등 3년 공부법'
익히기

CASE 4

과목별로 어떻게 공부해야 할지
궁금한 중1 현지

현지 : 멘토님, 안녕하세요. 저는 현재 중학교 1학년이고, 의대를 목표로 공부하고 있는 현지입니다.

민찬 멘토 : 오, 의대를 목표로 하고 있구나! 나중에 의사 선후배로 만나면 정말 좋을 것 같다! 이번 상담은 어떤 고민으로 찾아온 거야?

현지 : 중학교 3년이 고등 3년을 대비하는 중요한 시기라는 말을 평소에 많이 들었는데요. 중등 3년 동안 해야 할 공부 중에

95

과목별로 가장 중요한 공부는 어떤 걸까요?

민찬 멘토 : 사실 과목별로 중등 시기에 해야 할 공부도 많고, 내가 해주고 싶은 이야기도 많은데. 그럼, 우선 과목별로 가장 중요한 공부를 딱 하나씩만 이야기해 볼게. 어떤 과목부터 알려 줄까?

현지 : 국어요! 국어는 독서를 열심히 해 두긴 했는데, 어떤 걸 더 하면 좋을지 모르겠더라고요.

민찬 멘토 : 독서도 중요하지만, 중등 국어에서는 문학과 비문학의 기본 이론에 대한 확실한 기본기를 잡아 두는 것도 중요해. 왜냐하면 고등 내신과 수능 시험에서 가장 중요한 것이 문학과 비문학인데, 기본 이론을 중등 시기에 정리해 두면 고등때 훨씬 더 수월하게 공부할 수 있기 때문이야.

현지 : 네! 혹시 수학은 어떤 공부가 중요할까요?

민찬 멘토 : 수학도 정말 중요한 게 많지. 나는 중등 때 고등 수학 선행을 해 두는 게 도움이 된다고 생각해. 왜냐하면 고등 3년 동안에는 수학만이 아니라 워낙 다른 과목들로 해야 할 공부가 많아서 고등 진학 후에 수학 기본 이론부터 배우기에는 부담이 많이 될 거야. 그러니 좀 더 여유 있는 중등 시기에 고등 때 배울 내용의 개념서와 유형서 정도를 공부해 두는 게 도움이 될 거야.

현지 : 아, 수학은 고등 선행을 해 둬야겠네요! 그럼 영어는 어떤 공부를 하는 것이 좋을까요?

민찬 멘토 : 영어에서 가장 중요한 건 영어 단어 암기야! 아무리 독해, 듣기, 문법 공부를 열심히 하더라도 영어 단어 실력이 부족하면 의미가 없기 때문이지. 영어 단어 암기는 영어 단어책 한 권을 3회독 하는 걸 추천해.

현지 : 네! 정말 감사합니다! 그리고 혹시 지금 말씀해 주신 내용 말고 국, 영, 수에서 더 해 두면 좋을 공부는 뭐가 있을까

요? 그리고 과학, 사회, 한국사 같은 기타 과목들은 어떻게 공부하면 좋을지 궁금해요!

민찬 멘토: 중등 시기에 과목별로 해 두면 좋을 공부를 이번 장 Level 4에 자세히 정리해 두었어. 다음에 나오는 내용을 참고하면 도움이 될 거야.

현지: 네, 멘토님! Level 4 내용 꼼꼼히 읽어 볼게요! 감사합니다!

중등 국어
공부법

'독서'가 중요한
세 가지 이유

중등 국어 공부에서 중요한 요소 중 하나는 '독서'입니다. 중학생이 되면 아무래도 초등 때보다 독서에 많은 시간을 투자하기 어렵습니다. 그럼에도 독서는 너무나도 중요하기에 중등 때까지는 꾸준히 책을 읽는 것이 좋습니다. 여기서는 중등 시기에 독서를 꾸준히 하면 좋은 세 가지 이유에 대해 말씀드리겠습니다.

첫 번째로 문학과 비문학 실력에 도움이 됩니다. 문학은 교과서를 통해서도 배우긴 합니다만, 특히 소설 같은 경우는 분량이 길어 교과서에 작품 전체가 실리지 못하고 가장 중요한 내용 일부만 실리게 됩니다. 교과서를 통해 소설을 배우면 소설의 특징 및 이론을 이해하는 데에는 도움이 되지만, 소설이라는 장르를 더 깊이 있게 이해하고 마음으로 느끼면서 접근하기는 어렵습니다. 하나의 완결된 작품을 처음부터 끝까지 읽으면서 발단-전개-위기-절정-결말로 이어지는 과정에서 인물 간의 관계를 파악하고, 갈등과 반전까지 직접 느껴야 소설을 제대로 이해했다고 할 수 있습니다. 스스로 문학책을 찾아 읽어보며 이러한 경험을 쌓는다면 문학 실력 향상에도 도움이 됩니다. 중등 시기 문학책은 《여름을 한 입 베어 물었더니》(이꽃님 저), 《순례 주택》(유은실 저) 같은 청소년 소설도 좋고, 고전소설, 현대소설, 외국 문학까지 다양한 종류의 작품을 접하면 좋습니다. 저는 중학교 때 한국문학전집을 통해 이청준, 이문열, 염상섭 등 한국 작가들의 다양한 작품을 읽었던 것이 문학 공부에 큰 도움이 되었습니다.

비문학도 마찬가지입니다. 나중에 고등 국어 내신과 수능 시험에서는 경제, 과학, 사회, 인문, 기술 등 다양한 전문 지식을 다루는 글을 읽고 문제를 풀어야 합니다. 물론 배경지식이 필수는 아니지만, 관련 책들을 미리 읽어둔다면 훨씬 더 수월하게 접근할 수 있을 것입니다. 특히 실제 고등 국어 시험에서는 특정 분야의 글이 아닌 다양한 분야의 글이 출제되는 만큼, 평상시 책을 읽을 때도 좋아하는 분야의 책만 읽기보다는 경제, 과학, 인문, 철학을 비롯한 다양한 주제의 책을 읽으려 노력하는 자세가 필요합니다.

두 번째로 수행평가에 책을 활용할 수 있습니다. 중고등 시기 수행평가를 할 때는 보고서를 쓰는 경우도 많고, 토론하거나 발표해야 하는 일도 많습니다. 이 과정에서 근거 자료로 책을 활용하면 더욱 탄탄한 보고서나 발표 자료를 완성할 수 있으며, 논리적인 토론을 만들어 갈 수 있습니다. 그러니 중학교 때 시간을 내서 책을 많이 읽어 둔다면, 중학교뿐만 아니라 고등학교 시기까지 활용하기 좋을 것입니다.

세 번째로 진로 탐색의 기회가 됩니다. 다양한 분야의 책을 읽다 보면 내가 어떠한 주제에 흥미가 있는지 알 수 있고, 관심 있는 분야의 책을 읽으며 진로를 탐색하고 꿈을 구체화하는 계기를 만들 수 있습니다. 실제로 저는 응급의학과 의사가 쓴 《만약은 없다》(남궁인 저)라는 에세이를 읽고 응급의학과 의사가 병원에서 어떤 일을 하고, 어떤 생각을 하는지를 자세히 알 수 있었고, 의사라는 꿈을 견고하게 하는 계기가 되었습니다.

중등 시기에 매일 10~20분씩이라도 꾸준히 시간을 투자하여 독서하길 추천합니다. 물론 해야 할 공부도 많고, 마음이 급할 수도 있지만, 중등 시기는 공부만큼 독서 역시 중요한 시기입니다. 독서도 꼭 놓치지 마시길 바랍니다.

공부는 멘탈 게임이다

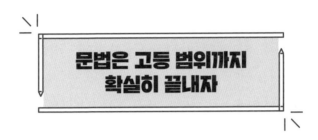

문법은 고등 범위까지 확실히 끝내자

국어 문법은 고등학교 진학 전에 고등 범위까지 확실히 끝내는 것이 좋습니다. 고등학교에 가면 국어 문법 이외에 수학, 영어, 과학 등 해야할 공부가 많아지기 때문입니다. 문법은 중학교 고등학교 수업이 연계되는 만큼 조금 여유가 있을 때 정리해 두면 도움이 됩니다.

문법 공부는 독학으로 할 수도 있지만 처음부터 혼자 공부하게 되면 전반적인 틀을 잡는 데에 오래 걸리고 용어도 낯설어서 쉽게 포기할 우려가 있습니다. 그러니 우선은 EBSi〈윤혜정의 개념의 나비 효과〉강의 중 문법 부분을 들으면서 기본적인 틀을 잡는 것을 추천 드립니다. 그 후에 독학으로 문법 개념을 꼼꼼히 공부하면서 내용을 다시 정리해 보는 것이 좋습니다. 이때 독학용 교재로는《떠먹는 국어문법》(쏠티북스)를 추천합니다.

이렇게 인강과 독학으로 총 두 번의 문법 개념 공부를 마쳤다면, 이제 국어 문법 기출 공부가 필요합니다. 고등 국어 내신에서도 모의고사 문법 기출문제를 변형하여 출제하는 경우가 많으므로, 국어 문법 기출 공부를 하는 것이 내신에도 도움이 됩니다. 시중에 있는 교재 중에는《다담 언어와 매체 800제》(쏠티북스) 또는《자이스토리 수능 국어 언어와 매체 실전》(수경출판사)을 추천합니다. 문법 기출 공부는 개념 복습을 하며 문제를 풀고, 틀린 문제에 대해서는 답지를 참고해서 총 5개의 선지를 하나하나 꼼꼼히 분석하면서 고쳐주면 됩니다.

국어 문법은 기출이 정말 중요합니다. 최소 두 권의 기출문제집을 풀어 보길 권합니다. 이런 식으로 문법 기출문제집 풀기까지 고등 진학 전에 미리 해 둔다면, 고등학교 때는 좀더 여유있게 공부에 매진할 수 있을 것입니다.

수능 공부의 시작: 문학, 비문학의 기본 이론을 익히자

고등학교 진학 전에 문학과 비문학의 기본적인 이론은 확실하게 정리해 두는 것이 좋습니다. 고등학교에 진학하고 나면 수능을 대비하여 그와 비슷한 유형의 시험인 모의고사를 봅니다. 또한 고등 내신도 모의고사 유형처럼 문제가 출제되기도 합니다. 그러니 좀 더 여유 있는 중등 시기에 문학과 비문학 각각에 대한 이론 및 주요 특징들을 정리하고 암기해 둔다면 고등 3년 생활에 큰 도움이 될 것입니다.

우선 문학과 비문학 둘 다 기본 이론은 EBSi의 인터넷 강의 〈윤혜정의 개념의 나비효과 입문편〉을 통해 공부를 시작하길 권합니다. 아직 문학, 비문학을 제대로 공부해 본 적이 없는 중학생들도 누구나 쉽게 들어볼 수 있는 강의입니다. 그리고 문학 영역에서 좀 더 추가

105

적인 공부를 원한다면 《모든 것》 시리즈(꿈을담는틀)나 《해법 문학》 시리즈(천재교육)로 공부해 볼 수 있습니다. 중고등 주요 문학 작품의 중요 포인트를 읽고 특징을 정리해 볼 수 있는 책들로, 이를 활용해 공부하면 문학에 대한 배경지식을 늘리고 문학적 감각을 끌어올리는 데 분명 도움이 될 것입니다.

그런 후 중학교 3학년 여름방학이 지나면 《예비 매3문》(키출판사) 교재를 통해 문학 모의고사 기출문제를 가볍게 풀면서 모의고사 유형에 적응해 보셔도 좋습니다. 비문학은 문학과 마찬가지로 《예비 매3비》(키출판사) 교재를 풀면서 비문학 모의고사 유형에 대한 감각을 익히면 됩니다. 이 정도면 고등 진학 전 기본기를 확실히 다질 수 있을 것입니다.

중등 국어 공부에 있어서 빠져서는 안 될 것 중 하나가 '국어 잡지' 와 '신문'의 활용입니다. 일반적인 독서 또는 문제집 풀이와는 별개 로 중등 시기에 꼭 읽으면 좋은 것이 바로 국어 잡지와 신문입니다. 고등 국어 모의고사에서는 최근 몇 년간 이슈였던 주제가 실제 문제 로 출제되기도 하고, 다양한 전문 지식을 다루는 지문이 나오는 만큼 시사 상식을 충분히 쌓아두는 것이 도움이 됩니다. 그리고 수행평가 에서 보고서를 쓰거나 토론, 발표할 때도 최근 시사 상식을 잘 알고 있으면 더 유리한 부분이 분명히 있습니다. 이렇게 시사 상식을 쌓고 배경지식을 늘리는 측면에서 국어 잡지와 신문 읽기가 중요한 역할 을 할 수 있습니다.

107

제가 추천하는 국어 잡지는 《중학 독서평설》(지학사)입니다. 이 잡지는 사회, 과학을 포함한 '시사 논리' 파트, 공부법과 다양한 직업, 입시 흐름을 다루는 '진로 진학' 파트, 문학 작품을 소개하고 해설하는 '독서 문해' 파트, 일반 지식을 다루는 '지식 교양' 파트 등 다양한 내용으로 구성되어 있으며, 하나같이 중등 시기에 가볍게 읽으면 좋을 내용인 만큼 꼭 시간을 내어 읽어 보길 바랍니다.

국어 잡지와 신문 중 잡지만 읽어도 도움이 되지만, 만약 시간 여유가 있다면 신문을 읽어 보는 것도 좋습니다. 꼭 종이 신문의 형태일 필요는 없고 평소 TV나 유튜브를 통해 뉴스 영상을 찾아보는 정도만 해도 도움이 됩니다. 다만 아무래도 뉴스는 어른들을 위한 것이다 보니 정치, 범죄 등 다양한 이슈가 섞여 중학생들에게 부적합한 내용도 있기 마련이기에 이럴 때는 시중에 있는 책 중 《중등 필독 신문》(이현옥 외 1명) 같은 중등용 책을 활용해 보는 것도 하나의 방법이 될 수 있습니다. 국어 잡지와 신문은 필수는 아니지만, 좀 더 여유 있는 중등 시기에 배경지식을 넓게 쌓고 싶다면 활용해 보길 추천합니다.

05

**국어 어휘력,
확실하게 잡기**

국어에서 상당히 중요한 것 중 하나가 '어휘력'입니다. 중학교, 고등학교로 올라가면 올라갈수록 낯설고 어려운 어휘가 많이 등장합니다. 물론 독서를 열심히 하는 것으로도 어휘력을 올릴 수 있지만, 독서만으로 채워지지 않는 경우도 꽤 많습니다. 그렇기에 중등 시기에 독서 이외에도 국어 어휘력을 확실하게 잡기 위한 노력이 필요합니다.

국어 어휘력을 높이기 위해 시중에 있는 어휘력 교재나 문제집을 활용하는 것도 방안 중 하나입니다. 시중에 있는 교재 중에는《빠작 수능 국어 필수 어휘》(동아출판)나《국어 1등급 어휘력》(마더텅)을 추천합니다. 학기 중에는 어휘력 교재까지 병행하기에 부담일 수 있기에, 여름방학 또는 겨울방학 때 어휘력 교재 한 권을 제대로 끝낸다는 생각으로 공부하면 좋습니다.

어휘 부분과 관련하여 특히 고전시가나 고전소설을 어려워하는 학생들도 많습니다. 이 경우에는 고전시가, 고전소설에 관한 인터넷 강의를 활용해서 고전 어휘를 공부해도 좋습니다. 또는 고전 작품의 전반적인 흐름을 아는 데 도움이 되는 만화책으로《흔한 남매 이상한 나라의 고전 읽기》(미래엔아이세움) 시리즈나《만화로 읽는 수능 고전 시가》(꿈을담는틀) 같은 책을 활용해서 쉽고 재미있게 고전 작품에 접근해 보는 것도 방법이 될 수 있습니다.

국어 어휘력은 중고등 국어에서 생각보다 중요한 역할을 합니다. 어휘력이 부족하면, 아무리 문학, 비문학, 문법의 기본 이론을 확실히 알고 있더라도 지문 해석이 이상해지고 막히는 경우가 생깁니다. 그러니 고등 진학 전 중등 시기에 꼭 놓치지 말고 국어 어휘력 실력을 쌓길 바랍니다.

공부는 멘탈 게임이다

중등 국어 내신 공부는 어떻게 하는 것이 좋을까요? 교과서를 기반으로, 교과서를 발행한 출판사에서 나온 '자습서'와 '평가문제집'만 제대로 공부해도 충분합니다. 여기에 더해 중등 국어 내신 A등급이 목표라면 지금 제가 말씀드리는 내용을 참고해 보면 좋겠습니다.

우선 첫 번째는 교과서를 최소 5회독 목표로 꼼꼼히 공부하는 것입니다. 그러기 위해서는 당연히 수업을 열심히 들으며 필기하고, 밑줄, 형광펜 표시도 하면서 공부해야 합니다. 그리고 교과서에 해당하는 자습서와 평가문제집을 5회독 한다는 생각으로 여러 번 반복하여 보면서 암기하다시피 합니다.

서술형 문제의 경우 저는 자습서와 평가문제집에 있는 서술형 문제를 늘 따로 표시해 두고, 답안지를 보면서 몇 번씩 따라 쓰면서 암기하려고 했습니다. 그리고 추가로 '족보닷컴'과 '내신코치' 같은 문제은행 사이트에서 서술형 문제를 따로 출력해 준비하기도 했습니다. 시험 일주일 전에는 이번 시험 범위에 맞추어 문제를 출력해서 시간 내로 푸는 연습도 했습니다.

여기서 두 가지 추가로 이야기하고 싶은 것이 있습니다. 먼저, 시험 범위가 아닌 부분이 있다면 그냥 넘어가지 말고 방학 때라도 꼭 시간을 내서 공부해 주는 것이 좋습니다. 학생들을 상담해 보면, 시험 범위인 부분만 열심히 공부하고 시험 범위에 포함되지 않은 부분은 대충 넘어가는 경우가 많습니다. 하지만 중학교 교과서 내용은 고등 국어의 기본이 되는 중요한 내용인 만큼, 절대 소홀히 하지 말고 시험이 끝난 후나 방학 때 꼭 추가로 공부하고 넘어가야 합니다.

다음으로 만약 해당 학년에서 국어 과목을 가르치는 선생님이 한 분이 아니라 두 분 이상이라면, 꼭 다른 반 친구의 교과서를 빌려서 참고해 보는 것이 좋습니다. 같은 내용이라도 선생님마다 강조한 내용이 다르고, 가르치는 방식이 다를 수 있기 때문입니다.

특목고, 자사고가 목표가 아니라면 중등에서 국어 내신 성적이 중요하지 않을 수 있겠지만, 중등 때 높은 성적을 받아본 경험이 고등 때도 도움이 되는 만큼 말씀드린 내용을 여러분 각자의 상황에 맞게 참고해 보길 바랍니다.

공부는 멘탈 게임이다

중등 수학
공부법

학원과 별개로 '심화' 문제집을 혼자서도 풀어야 합니다

중학생들을 상담해 보면, 국어, 영어는 혼자 공부하는 학생들이 10명 중 1~2명 정도는 있지만, 수학은 대부분 학원을 활용해 공부하는 분위기입니다. 저는 여러분이 학원에 다니더라도, 학원에만 의존하기보다는 '심화 문제집'만큼은 혼자서 따로 한 권을 정해 병행하면서 공부하기를 추천합니다.

학원 숙제 차원에서 심화 문제집을 풀게 되면 강제성이 부여되는 만큼 놓치지 않고 꾸준히 문제를 풀 수 있다는 장점은 있지만, 두 가지 문제점이 있습니다. 첫 번째는 한 문제를 깊이 있게 고민하지 않게 된다는 것입니다. 학원 숙제로 심화 문제집을 풀면, 학생들의 목표는 빠르게 숙제를 끝내는 것이기 때문에 급하게 푸는 경우가 많고,

한 문제 당 2~3분 정도 잠깐 고민하다가 안 풀리면 별 표시를 크게 한 뒤 학원으로 가져가면 학원 선생님이 하나하나 친절하게 알려주시는 풀이를 듣고 고민은 끝나게 됩니다. 심화 문제집을 푸는 중요한 목적 중 하나는 한 문제를 깊이 있게 고민하며 사고력을 기르는 것인데, 이러한 부분이 부족해지는 것이죠.

두 번째 문제점은 '답안지'를 보며 틀린 문제를 고치는 연습이 부족해진다는 점입니다. '자기 주도 학습'이라는 말을 들어보셨을 것입니다. 중고등 시기에는 무엇보다 자신이 해야 할 공부를 자신이 정하고 스스로 하는 자기 주도 학습이 무척 중요합니다. 이렇게 자기 주도적으로 학습하는 데 있어 대표적으로 중요한 요소 중 하나가 '답안지'입니다. 자신이 틀린 문제의 답안지를 직접 확인하면서, 자신이 풀었던 풀이 방식과 1대1로 대응하며 한 줄씩 비교해 보는 과정을 통해 어느 부분에서 실수했는지, 어떤 개념을 이해하지 못해 틀렸는지를 파악하는 능력이 생깁니다. 만약 학원 숙제 차원에서만 심화 문제집을 푼다면 스스로 답안지를 보면서 문제를 고쳐보는 기회를 놓치고 학원에만 의존하기 쉽습니다. 자기 주도 학습 능력이 부족해지는 이유입니다. 그렇기에 저는 학원과 별개로 꼭 혼자서 심화 문제를 풀어보길 추천합니다.

대신 혼자서 심화 문제를 풀 때는 하루에 많은 문제를 목표로 삼지 말고, 딱 3~5문제만 목표로 하는 것이 좋습니다. 심화 문제집을

115

혼자 푸는 목적은 심화 문제를 더 많이 소화하자는 것이 아닙니다. 한 문제를 풀더라도 시간 제약 없이, 분량에 대한 부담 없이 깊이 있게 고민해 보자는 의미인 만큼 하루에 3~5문제만 풀겠다는 목표를 잡는 것이 좋습니다. 또한 어렵더라도 한 문제당 최소한 6분 이상은 고민해 보면서, 천천히 풀더라도 깊이 있게 생각하는 연습을 해 보는 것이 중요합니다.

　시중에 《에이급 수학》(에이급), 《최상위 수학》(디딤돌교육), 《일등급 수학》(수경출판사) 등 다양한 심화 문제집이 있으니 직접 서점에 가서 나에게 맞는 문제집을 선택해 보세요. 이렇게 혼자서 심화 문제집을 풀 때는 한 권을 제대로 끝내지 못해도 상관없습니다. 혼자서 깊이 고민하며 풀어 보는 과정에서 수학적 사고력을 키워 나갈 수 있다는 점에 초점을 두고 꼭 병행해 보길 권합니다.

중학생 때 '고등 선행'을 해야 하는 이유

중학생 때 고등 수학을 선행해야 한다는 이야기는 들어본 적이 있지만, 왜 중학생 때 고등 수학 선행을 해야 하는지 그 이유를 제대로 알고 있는 학생은 많지 않습니다. 선행을 하는 이유를 정확히 알지 못하면 선행에 대한 의지도 떨어지고 간절함도 부족해집니다. 그렇기에 그 이유에 대해 확실한 정리가 필요합니다.

우선 첫 번째 이유는 고등학교에 가면 수학뿐만 아니라 국어, 영어, 과학 등 공부해야 하는 과목도, 양도 많아지기 때문입니다. 물론 초등, 중등 시기에도 여러 과목을 공부하지만, 고등 시기에는 모든 과목의 공부량이 급격히 많아집니다. 수학 선행을 미리 해 두지 않으면 고등학교에 가서 수학의 기초부터 소화하기에 시간적 여유가 없고,

117

오히려 더 급하게 공부하게 되어 부작용이 생길 수 있습니다.

두 번째 이유로는 고등학교에 가면 수학 공부 자체만으로도 해야 할 공부량이 많아지기 때문입니다. 조금 여유 있는 중등 시기에 미리 해 두는 것이 필요한 이유입니다. 제 기준에서 고등 수학 내신 1등급을 위해서는 기본적으로 개념서 1권, 유형서 2권, 심화서 2권, 모의고사 1권, 이렇게 총 6권의 문제집을 소화해야 합니다. 물론 제가 고등학생 때는 내신 1등급이 4%였고, 2025년 고1부터는 내신 1등급의 비율이 10%로 늘어나는 만큼 1등급을 받는 것이 쉬워질 수 있지만, 그럼에도 불구하고 최상위권 달성을 위해서는 여전히 이만큼의 노력이 필요합니다.

'6권이나 어떻게 해요?'라고 의문을 가질 수 있습니다. 당연합니다. 저 역시 고등 내신 기간에 6권을 다 하라고 하면 절대 못 할 분량입니다. 그러니 좀 더 여유 있는 중등 시기에 개념서 1권, 유형서 1권, 이렇게 2권 정도는 미리 해 두는 것이 좋습니다. 중등 시기의 고등 선행은 과한 것이 아닙니다. 고등 때 다 하려면 힘이 드니 그나마 좀 더 여유 있는 중등 시기에 선행을 통해 나누자는 것입니다.

세 번째 이유는 고1 첫 시험의 중요성 때문입니다. 고등 3년의 내신은 대학 입시에 고스란히 반영됩니다. 그만큼 중요합니다. 고1 첫 시험은 그 시작입니다. 고1 첫 시험 때는 아직 자신만의 공부법이 확립되지 않은 경우도 많고, 고등 시험이 처음이라 준비가 덜 된 학생도 많습니다. 그러니 오히려 준비를 제대로 잘한다면 내신 성적을 가장 잘 받을 소중한 기회가 될 수도 있습니다. 무엇보다 고1 첫 시험을 잘 시작하면 자신감을 얻을 수 있으며, 이는 남은 고등 시험을 탄탄히 대비하는 공부의 원동력이 될 것입니다. 그렇기에 중등 때 선행을 통해 개념 공부를 하며 먼저 내용을 이해해 두고 자신감을 쌓는 것이 필요합니다.

최상위권을 바란다면 중등 시기에 고등 수학 선행은 선택이 아닌 필수입니다. 물론 수학 선행을 하지 않고도 고등 때 수학 시험을 잘 보는 일부 학생들이 있습니다. 하지만 일반적으로 고등 수학에서 좋은 성적을 얻기 위해서는 선행을 하는 것이 도움이 되는 만큼 선행을 필수로 생각하고 준비하는 것이 좋겠습니다.

고등 진학 전, 어디까지 선행해야 할까?

앞서 중등 시기에 고등 수학 선행의 필요성에 대해 자세히 설명했습니다. 그렇다면 고등학교 진학 전에 수학은 어느 정도 선행해야 할까요? 이 부분에 대해서는 전문가마다 의견이 다 다를 정도로 다양한 주장이 있습니다. 중고등학생을 500명 넘게 상담하며 제가 내리게 된 결론은 만약 고등 수학 내신 1등급이 목표라면 최소한 고1 때 배울 '공통수학1', '공통수학2'와 함께 고2 일반 선택 과목인 '대수', '미적분1', '확률과 통계' 세 과목 중 최소한 한 과목 정도까지는 '개념서 3회독 + 유형서 3회독'을 목표로 선행하는 것이 좋다는 것입니다.

여기서 3회독의 방법은 다음과 같습니다. 1회독 때는 공책에 모든 문제를 풀고, 2회독 때는 책에 모든 문제를 풀고, 3회독 때는 틀린 문제 위주로 다시 풀며 점검하는 것입니다. 추천하는 고등 개념서로는 《마플 교과서》(희망에듀), 《개념원리》(개념원리), 《수학의 바이블》(이투스북), 고등 유형서로는 《마플 시너지》(희망에듀), 《고쟁이》(이투스북), 《개념원리 RPM》(개념원리), 《쎈B》(좋은책신사고) 등이 있습니다. 만약 개념서와 유형서를 각각 풀 시간이 없다면, 《개념+유형》(비상교육)이라는 교재 한 권으로도 비슷한 효과를 낼 수 있으니 참고하길 바랍니다.

이렇게 이야기하고 나면 고등 선행 때 심화 공부는 따로 하지 않아도 되는지 묻는 학생들이 있습니다. 개인적으로는 고등 선행을 할 때는 심화 공부까지 할 필요가 없다고 생각합니다. 개념서와 유형서 1권씩 3회독을 제대로 해 둔다면, 고등학교에 진학한 후 학기 중에 개념서, 유형서 복습과 함께 심화 문제집을 풀 수 있는 시간적 여유가 있습니다. 그러니 수학 선행을 할 때는 개념서 1권과 유형서 1권을 제대로 끝낸다는 생각으로 공부하면 됩니다.

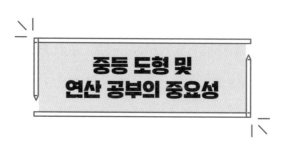

중등 수학에서 도형과 연산 공부 역시 소홀히 하지 말아야 할 중요한 부분 중 하나입니다. 우선 중등 도형은 고등에서 배우는 도형 영역의 기초로서 중요합니다. 또한 고등학교에서 배우는 공식을 유도하고 실제 문제 풀이하는 과정에서 중등 도형의 아이디어를 사용하면 편리한 경우들이 종종 있습니다.

그렇기에 고등학교 진학 전에 방학을 활용해 중등 3년 동안 배운 개념을 총정리하기를 추천합니다. 추천하는 독학용 교재로는 《중학 수학 도형 한권으로 끝내기》(쏠티북스)가 있으며, 인터넷 강의 중에는 메가스터디 현우진 선생님의 〈NOBAE(노베이스를 위한 도형가이드)〉라는 강의를 활용해 보아도 좋겠습니다.

두 번째는 연산입니다. 연산은 초등 때 제대로 기초를 다지는 것이 가장 중요하지만, 만약 중등 시기에 자꾸 계산 실수가 반복된다면 시간을 내서 연산 문제집도 병행하는 것이 좋습니다. 중고등학생들을 대상으로 수학 과외를 할 때 보면, 학생들이 가장 많이 하는 실수가 다름 아닌 계산 실수입니다. 계산 실수를 한다는 것은 제한된 시간에 급하게 문제를 풀면서 연산이 흔들린다는 의미고, 그런 상황이라면 중학생이더라도 연산 문제집을 풀면서 부족한 부분을 채워주는 것이 좋습니다.

중등 시기에 연산 문제집을 푸는 것이 남보다 뒤처지는 것 같고 후행하는 느낌이 들 수 있지만, 절대 그렇지 않습니다. 연산은 너무나도 중요하고 고등 때는 연산을 따로 보완할 시간적 여유가 없는 만큼 스스로 생각했을 때 연산이 불안하거나 자꾸 신경 쓰인다면,《쎈개념 연산》(좋은책신사고)이나 《수력충전》(수경출판사) 같은 중등 연산 교재를 방학 때 매일 10분씩이라도 꾸준히 풀면서 실력을 보충하는 것이 좋습니다.

학생들이 수학 공부에서 자주 물어보는 것 중 하나가 '수학 오답노트' 사용에 관한 내용입니다. 수학 오답노트를 쓰는 것이 좋을지 자주 묻는데, 저는 늘 학생들에게 수학 오답노트는 쓸 필요가 없다고 답해 줍니다. 왜냐하면 수학 공부를 할 때는 오답노트를 쓰는 과정이 매우 비효율적이기 때문입니다.

일단 오답노트를 쓰는 것 자체에 많은 시간과 노력이 필요하다보니 꾸준히 지속하지 못하는 학생들이 많습니다. 또 수학은 도형 관련 문제가 많은데 이를 오답노트에 옮기기가 쉽지 않다는 단점도 있습니다. 그리고 한 가지 더. 복습할 때 수학 문제집과 수학 오답노트 두 가지를 다 확인해야 합니다. 해야 할 일이 2배가 된다는 것도 단점이라고 할 수 있습니다. 수학 공부만 할 수 있는 상황이라면 몰라도, 국어, 영어, 과학 등 다른 과목 공부도 중요하기에 수학에만 이렇게 많은 시간을 투자할 여유가 없는 것도 현실입니다.

물론 오답노트 쓰는 것이 더 효율적이라고 생각하는 학생들도 있습니다. 또 기존에 오답노트를 잘 활용하고 있던 학생이라면 계속해서 오답노트를 써도 괜찮습니다. 다만 저 같은 경우는 수학 오답노트를 쓰는 것보다 차라리 수학 문제집을 넘기면서 틀린 문제를 다시 풀어 보는 것이 더 효율적인 공부라고 생각합니다.

그렇다면 틀린 수학 문제는 어떻게 다시 공부해야 할까요? 다음은 제가 공부한 방법입니다.

먼저 틀린 문제와 답지를 살펴보며 나의 풀이 방식과 답안지를 한 줄씩 비교합니다. 한 줄씩 비교하면서 내가 어떤 부분에서 잘 접근했고, 어떤 부분에서 실수했는지를 꼼꼼히 확인하는 과정을 거칩니다. 다음으로 내가 틀린 문제와 관련된 개념을 개념서에서 찾아 다시 그 부분을 꼼꼼히 읽으며 복습하는 시간을 가집니다.

그런 후 이 문제를 공책에 다시 풀며 답안지를 보지 않고도 완벽히 풀 수 있을 때까지 반복해서 풉니다. 또 틀린 문제가 있는 페이지에는 작은 포스트잇을 붙여 두고, 틈틈이 다시 반복해서 풀면서 다음에 비슷한 유형의 문제를 만나도 절대 틀리지 않게끔 준비합니다.

이런 방식으로 수학 문제집을 넘기면서 틀린 문제를 여러 번 반

125

복하여 풀면서 확실하게 정리하는 것이 수학 오답노트를 작성하는 것보다 시간도 아끼고 효율적으로 공부하는 방법이 될 수 있습니다. 평소 오답노트 작성이 어려웠다면 이러한 방식을 적용해 보길 권합니다.

공부는 멘탈 게임이다

서술형 연습,
이렇게 해 보세요

중고등 시기를 돌아보면 수학 시험 시간에 늘 시간이 촉박했던 기억이 있습니다. 특히 OMR 카드에 수학 서술형 문제 풀이를 적을 때면 제한된 시간 속에서 늘 긴장되고 불안한 마음이 들었습니다. 조급함에 적는 손마저 떨려 다른 손으로 볼펜 잡은 손을 붙잡고 떨지 않고 끝까지 쓰려고 애썼던 적도 있었습니다. 긴장이 큰 만큼 수학에서 서술형 문제 연습은 정말 중요합니다. 상위권으로 가기 위해서는 반드시 제대로 준비해야 할 부분입니다.

물론 평상시에 문제집을 풀 때 풀이를 꼼꼼히 논리적으로 쓰는 연습을 한다면 실제 시험에서도 잘 쓸 수 있을 것입니다. 하지만 평소 문제집을 풀 때 풀이 과정을 대충 쓰고 넘어가는 경우라면 따로

127

서술형 연습을 하는 것이 좋습니다.

저 같은 경우는 '족보닷컴', '내신코치' 같은 문제은행 사이트에서 수학 서술형 문제 모음을 따로 출력해 여러 번 반복하여 풀면서 빠르게 논리적으로 쓰는 연습을 했습니다. 서술형 문제를 포함하여 25문제 정도 되는 시험지 형식으로 문제를 출력했는데, 중등 때는 45분, 고등 때는 50분 내로 실전처럼 풀며 OMR 카드에 마킹하는 연습까지 해 보기도 했습니다.

시중 교재 중에 찾는다면 《특쫑 수학 서술형》(플레이스터디)이라는 서술형 교재를 활용할 수 있고, 아니면 EBS 중학 사이트에 있는 수학 서술형 대비 무료 강의를 수강해 보는 것도 좋습니다.

이러한 방식으로 꾸준히 수학 서술형을 대비한다면, 제한된 시간에 긴장되는 상황에서도 빠르게 논리적으로 문제를 풀 수 있게 될 것입니다.

고등학교에 가서 최상위 등급을 받고자 한다면, 기본적으로 1년 정도 앞서는 선행을 하는 것이 좋습니다. 그렇다면 중등 수학 내신 A등급이 목표인 학생들은 중등 시기에 어떻게 수학 내신 대비를 하는 것이 좋을까요?

우선 성적에 욕심이 있는 학생이라면 수학만큼은 내신 대비 기간을 5주로 잡기를 추천합니다. 수학은 문제를 푸는 속도도 다른 과목보다 더 오래 걸리고, 많은 문제를 소화할수록 도움이 되는 만큼 5주 전부터 여유 있게 시작하는 것이 좋습니다. 그리고 방학과 내신 준비기간이 아닌 때에는 선행할 때 했던 이번 학기 개념서, 유형서를 복습하며 동시에 심화서 한 권을 정하여 제대로 끝낸다는 생각으로 공부하면 됩니다.

　수학 내신 공부법을 구체적으로 이야기하면, 내신 공부 기간에는 총 4권의 문제집을 풀기를 권합니다. 우선 중등 내신 전용 교재인 《알찬 수학만》(비상ESN), 《해법 열공 기출문제집》(천재교육), 《올백 기출문제집》(천재교육) 중 두 권을 선택해 유형서 느낌으로 빠르게 소화하면서 문제 푸는 감각을 끌어올립니다. 시험이 2~3주 정도 남는 시점부터는 준 심화서 역할을 해 주는 《일품 중등 수학》(좋은책신사고)과 그 전에 풀어 보지 않았던 심화서 한 권을 선택해 이 두 권을 시험 일주일 전까지 열심히 풀며 고난도 문제를 확실히 대비해 줍니다.

　시험 일주일 전부터는 문제은행 사이트에서 시험 범위에 맞게 문제를 3~5세트 정도 출력해 OMR 카드까지 활용하여 실전 연습을 합니다. 이와 함께 그동안 풀었던 문제집에서 틀린 문제를 위주로 반복해서 풀고, 개념 암기도 확인하며 마무리하면 됩니다.

　이 정도만 확실히 소화해도 중등 내신 A등급은 무난히 받을 수 있을 것입니다. 만약 내신 시험 난도가 쉬운 학교라면 위에 이야기한 계획 중에서 심화서 한 권은 제외해도 됩니다.

중등 영어
공부법

학생들, 학부모님들을 상담하다 보면, 중등 영어에 대해 자주 묻는 질문 세 가지가 있습니다. 중등 영어 공부법을 본격적으로 설명하기에 앞서 이 질문에 대한 답변을 먼저 드리겠습니다.

│궁금증 1│ 중학생 때 영어는 무조건 수능 수준까지 끝내야 한다?

: 실제로 이러한 생각은 꽤 널리 퍼져 있더라고요. 중학생 때까지 영어는 확실히 수능 수준까지 끝내둬야 한다는 생각으로 급하게 중등 시기에 영어 진도를 나가는 경우가 많습니다. 하지만 저는 이 오해에 대해 확실히 말씀드릴 수 있습니다. 중학생 때 영어를 수능 수준까지 끝내야 할 필요는 없습니다. 사실 어떤 과목이든 마찬가지입

니다. 영어뿐만 아니라 수학이든 국어든 중학생 때 모든 걸 다 끝내두면 고등 때 더 편하겠죠. 하지만 제가 고등 대상 영어 과외를 해 보면 중등 때 수능 모의고사까지 풀어본 학생임에도 불구하고 막상 고등 기본 영어 단어조차도 제대로 외우지 못한 경우를 종종 볼 수 있습니다. 중등 때 영어를 다 끝내야 한다는 생각에 진도 나가기에만 급급하다 보니 빈틈이 생기는 것입니다. 그러니 중등 시기에는 중등 영어에 대한 기본기를 확실히 다지는 것이 최우선입니다.

물론 최상위권 학생들은 중등 때 고등 수준까지 영어만큼은 끝내고 오는 경우가 많습니다. 상위권이 목표인 학생들은 좀 더 속도를 내어, 특히 '단어'와 '문법'에 있어서는 고등 수준까지 공부하는 걸 추천하기도 합니다. 다만 진도만을 생각하며 대충 빠르게 나가는 방식의 선행은 경계해야 할 부분입니다.

| 궁금증 2 | **수능 영어에 문법은 한 문제밖에 나오지 않으니 열심히 할 필요 없다?**

: 수능 영어에서 문법은 한 문제만 출제되는 것이 사실입니다. 하지만 그렇다고 해서 문법 공부를 소홀히 하면 안 됩니다. 우선 중고등 내신에서는 문법을 알아야만 풀 수 있는 문제들이 여전히 많이 출제되고 있습니다. 그리고 문법을 공부하는 건 단순히 문법 문제를 맞히기 위해서만은 아닙니다. 문법을 제대로 공부하면 문장 구조를 파

악하는 데도 도움이 되고, 이는 독해 실력으로도 연결됩니다. 그러니 문법 공부를 소홀히 해선 안 됩니다.

| 궁금증 3 | 수능 영어는 절대평가이니 다른 과목에 비해 열심히 할 필요 없다?

: 그렇지 않습니다. 수능 영어는 절대평가로 90점만 넘으면 1등급을 받는 건 맞지만, 그렇다고 해서 1등급을 받기가 쉬운 것은 아닙니다. EBS 《수능 특강》, 《수능 완성》 교재에서 지문이 그대로 출제되던 직접 연계가 사라진 상태이고, '킬러 문제'의 비중은 줄었으나 애매하게 공부하면 틀리기 쉬운 중상~상 난이도의 '준킬러 문제' 비중이 늘어나 수능 영어에서 1등급 받기는 생각만큼 쉽지 않습니다. 실제로 2024학년도 9월 모의평가 영어 1등급 비율이 4.37%, 2024학년도 수능 영어 1등급 비율이 4.71%로, 영어 1등급 받기가 다른 과목에 비해 더 쉬운 것은 아닙니다. 그만큼 더욱 경각심을 가지고 제대로 준비해야 합니다.

공부는 멘탈 게임이다

영어 단어 암기에 관한 총정리

중등 영어에 있어서 제가 가장 중요시하는 건 영어 단어 암기입니다. 아무리 문법, 독해, 듣기 등 다른 것들을 열심히 공부해도 단어 실력이 부족하면 의미가 없기 때문이죠. 저는 영어 단어 암기의 경우 여러 단어장을 암기하는 것보다 단어장 한 권을 최소 3회독하며 제대로 암기하는 것을 추천합니다.

영어 단어를 암기할 때는 크게 세 가지를 신경 써야 합니다. 스펠링, 뜻, 발음입니다. 뜻은 당연히 암기해야 하고, 스펠링 역시 중고등 내신 서술형 문제에 정확히 답하려면 꼼꼼히 암기해 두어야 합니다. 발음의 경우 수능 듣기 문제에서 실수하지 않기 위해서는 확실히 암기하고 있어야 합니다.

한 권의 단어장을 1회독 시에는 모든 단어에 대해 스펠링과 뜻 하나를 암기해 줍니다. 그리고 2회독에서는 모든 단어에 대해 스펠링과 뜻 두 개, 그리고 발음까지 암기해 줍니다. 3회독부터는 1, 2회독 중 틀린 단어와 뜻이 세 개 이상인 단어 위주로 스펠링, 뜻, 발음까지 암기해 줍니다. 이렇게 한 권의 영어 단어장에 대해 최소한 3회독을 한다는 목표를 가지고 접근해 주면 됩니다. 만약 영어 학원에서 1회독만 시킨다면, 나머지 2회독부터는 방학을 활용하여 스스로라도 꼭 하길 바랍니다.

영어 단어 암기를 할 때 제가 사용했던 몇 가지 방법도 알려드립니다. 스펠링을 눈으로만 보면서 외우는 학생들도 있지만 저는 스펠링은 여러 번 쓰면서 암기했던 것이 도움이 되었습니다. 그리고 만약 오늘 암기해야 할 단어가 40개라면, 처음부터 바로 암기하지 않고 우선은 뜻을 가린 채로 스펠링만 보고 뜻을 쭉 말해 보며 원래 알고 있던 단어는 따로 표시해 두었습니다. 40개의 단어를 외우는 데 모두 같은 에너지를 쓰는 것이 아니라 원래 알고 있던 단어에는 더 적은 시간을 투자하고, 몰랐던 단어에는 더 많은 시간을 투자하면서 효율적으로 암기하는 방법입니다. 이때 그냥 눈으로 암기하기보다는 입 밖으로 소리를 내면서 암기해야 더욱 빠르게 암기할 수 있습니다.

단어를 외울 때는 뜻과 함께 품사도 꼭 암기해 두는 것이 좋습니다. 그냥 뜻만 기억해 두면 나중에 실제 문장 해석에서 어려움이 생

길 수 있습니다. 'general'이라는 단어가 '장군, 일반적인'이라는 뜻
이라고만 아는 것보다 '명사로는 장군', '형용사로는 일반적인'이라
고 알고 있는 것이 해석할 때 더 도움이 됩니다.

저는 암기 후에도 자꾸만 헷갈리는 단어의 경우에는 포스트잇에
옮겨 쓴 후 공부 책상, 거실, 부엌 등 잘 보이는 곳에 붙여 두고 계속
해서 자주 보려고 했고, 녹음기를 활용해 발음과 뜻을 녹음해 두고
등하굣길에 들으면서 암기하기도 했습니다. 영어 단어는 이런 방법
을 활용해 고등학교 진학 전까지 최소한 고등 기본 영어 단어 수준까
지는 확실히 암기해 두는 걸 추천합니다. 그리고 만약 최상위권이 목
표라면 영어 단어만큼은 수능 수준까지 확실히 미리 암기해 두는 것
이 도움이 될 것입니다.

고등 영어 내신 1등급을 결정짓는 두 가지

중학교 시기 영어 공부를 열심히 하는 목적은 결국 고등 영어 시험에서 좋은 성적을 받기 위해서입니다. 고등 영어 내신 1등급을 위해서는 많이들 알고 있는 것처럼 단어, 독해, 문법 등 기본 요소들이 매우 중요합니다. 여기서 한 가지 더, 많은 학생이 놓치고 있는 부분이 있습니다. 바로 '서술형 연습'과 '킬러 유형 공부'입니다. 만약 여러분이 고등 영어 내신 상위권을 목표로 한다면 중등 시기에 이 두 가지를 제대로 해 두어야 합니다.

요즘 초등학생, 중학생들을 보면 문법, 독해, 단어 공부는 해도 영작 공부는 하지 않는 학생들이 많습니다. 하지만 고등 영어 내신에서는 서술형 문제에서 감점을 받아 등급이 달라지는 경우가 정말 많습니다. 그만큼 서술형 연습을 탄탄하게 대비해 둬야만 고등 영어 내신 1등급이 될 수 있습니다. 시중의 교재 중에는《고등영어, 서술형이 전략이다》(키출판사)와《블랙라벨 영어 내신 어법》(진학사) 등을 추천합니다.

영어에서 킬러 유형 공부도 중요합니다. 수능 영어에서 킬러 유형이라고 하면 빈칸 추론, 순서 배열, 문장 삽입과 같은 유형을 말합니다. 고등 영어 내신에서 시험 문제를 교과서나 부교재에서만 내는 학교는 많지 않습니다. 변별력을 위해 교과서, 부교재에 없는 외부 지문을 가져와 문제를 출제하는 학교가 대부분이고, 이러한 외부 지문은 결국 수능 영어 킬러 유형과 비슷한 유형으로 나옵니다. 그러니 킬러 유형에 대해 확실히 공부해 두는 것이 필요합니다.

이를 위해 제가 추천하는 교재는 메가스터디 조정식 선생님의《기출 정식》입니다. 인터넷 강의를 듣지 않더라도, 교재만으로도 유형별 스킬을 익히고 적용 연습을 해 볼 수 있습니다. 이외에도《마더텅 전국연합 학력평가 기출문제집 영어 독해》(마더텅)나《자이스토리 영어 독해 기본》(수경출판사) 같이 유형별로 분류된 문제집을 활용해 보는 것도 좋습니다.

이렇듯 고등 내신 1등급을 결정짓는 두 가지 요소인 서술형 연습과 킬러 유형 공부를 중등 시기에 미리 해 둔다면 분명 고등 영어 내신 1등급이라는 목표를 달성할 수 있을 것입니다.

139

중등 내신 영어에서 A등급을 받기 위해서는 우선 평상시에 문법과 독해 공부를 열심히 해 두는 것이 좋습니다. 문법과 독해 모두 고등 진학 전까지는 고1~2 수준의 실력을 완성해 둘 것을 추천하며, 예비 중3 겨울방학부터는 고등 내용을 시작하는 것이 좋습니다.

중등 문법 교재로는《중등 영문법 3800제》(마더텅),《그래머 인사이드》(NE능률),《시험에 강한 중학영문법》(다락원)을, 고등 문법 교재로는《자이스토리 영어 어법·어휘》(수경출판사),《마더텅 전국연합 학력평가 기출문제집 영어 어법·어휘》(마더텅) 교재를 추천합니다. 독해의 경우 중등 독해 교재로는《리더스뱅크》(비상교육),《천일문 STARTER》(쎄듀), 고등 독해 교재로는《천일문》(쎄듀) 시리즈를 추천

공부는 멘탈 게임이다

합니다. 이러한 교재를 활용하여 평소에 독해와 문법 실력을 탄탄하게 해 두는 것이 중요합니다.

여기서 한 가지 더, 중등 내신 영어 A등급을 위한 팁을 드리자면 가장 중요한 건 '본문 통 암기'입니다. 중등 영어 내신 범위는 교과서 내용이 주가 됩니다. 그러니 교과서 본문을 통째로 암기하는 걸 목표로 하고, 그 후에 자습서와 평가문제집을 최소한 5회독할 정도로 꼼꼼히 공부하면서 통으로 암기한 교과서 본문 내용을 확인하는 과정을 거칩니다. 그런 후《백발백중》같은 시중 문제집이나 '족보닷컴', '내신코치' 같은 문제은행 사이트를 활용해 다양한 문제 형태를 접해 보는 것이 좋습니다.

국어와 마찬가지로 해당 학년에 영어 과목을 가르치는 선생님이 두 분 이상이라면, 다른 반 친구들의 교과서를 빌려서 읽어 보면서 여러분의 선생님과 다르게 설명한 부분은 없는지, 따로 강조한 부분은 없는지 확인합니다. 무엇보다 중등 영어 내신 A등급을 위해 가장 중요한 건 '본문 통 암기'라는 것을 기억하시길 바랍니다.

기타 과목
공부법

'통합과학'을 대비하는 중등 과학 공부법

2025년에 고1이 되는 학생들부터 2022 개정 교육과정이 적용됨에 따라 고등 과학도 달라집니다. 우선 1학년 때 배우는 공통 과목인 '통합과학 1, 2'가 이과 문과 구분 없이 수능 과학탐구의 범위가 되었습니다.

지금까지 1학년 때 배우는 '통합과학'은 수능 범위에 해당하지 않아 내신만 신경 쓰면 되었습니다. 수능의 경우에도 사회·과학탐구 영역이라고 하여 사회탐구 영역 9과목과 과학탐구 영역 8과목(2~3학년 때 배우는 '물리학1', '물리학 2', '화학1', '화학2', '지구과학1', '지구과학2', '생명과학1', '생명과학2') 중 총 2과목을 선택하여 치르는 방식이었고, 이때 자연계열 진로를 원하는 학생들은 대부분 과학탐구 영역 8과목

143

중 2과목을 선택하여 시험을 보는 것이 일반적이었습니다. 하지만 2025년 고1부터는 일반 선택 과목에 해당하는 '물리학', '화학', '지구과학', '생명과학'이 수능 범위에 포함되지 않고, 대신 고1 때 배우는 '통합과학'이 문과, 이과 구분 없이 수능의 범위가 됩니다. 이에 따라 내신과 수능 모두에 해당하는 '통합과학'의 영향력이 더 커질 것으로 보이며, 그렇기에 중등 시기에 고등 과학을 대비한다면 '통합과학'에 초점을 두는 것이 좋습니다.

그렇다면 중등 시기에는 고등 통합과학을 어떻게 대비해야 좋을까요. 지금부터 네 가지로 나누어 설명하도록 하겠습니다.

첫 번째는 중등 과학 공부를 열심히 하는 것입니다. 기본적으로 통합과학은 중등 과학과 연계되는 부분이 절반이 넘을 정도로 많습니다. 중등 과학에서 나오는 '힘의 작용', '운동과 에너지', '생물의 구성과 다양성', '생식과 유전', '화학 반응의 규칙성', '지권의 변화' 등 많은 내용이 고등 통합과학과 연계됩니다. 그렇기에 중등 과학 내신 성적이 대학 입시에 포함되지 않는다고 하여 소홀히 하지 말고 제대로 공부해야 합니다. 그리고 만약 과학 시험 범위가 전 범위가 아니더라도, 방학 때를 활용해서 시험 범위가 아니었던 부분에 대해서도 스스로 개념을 공부하고 문제를 풀어 보며 공부해야 학습 공백을 줄일 수 있습니다.

두 번째로 고등 최상위권이 목표라면 중등 과학 심화 공부를 해 보길 추천합니다. 통합과학의 주된 특징 중 하나는 하나의 단원에 물리학, 화학, 생명과학, 지구과학 중 여러 분야가 섞인다는 것입니다. 예를 들어, 통합과학1의 2단원 '물질의 규칙성'을 보면, 하나의 단원에 물질의 전기적 성질을 포함한 '물리학', 이온 결합과 공유 결합을 포함한 '화학', 단백질과 핵산을 포함한 '생명과학', 원소의 생성과 별의 진화를 포함한 '지구과학'이 모두 들어가 있습니다.

앞으로는 내신과 수능에 여러 분야가 융합된 형태의 문제가 더 많이 출제될 것입니다. 또한 중등 과학의 내용은 고등 과학으로 연계되기에 중등 시기에 과학적 사고력을 높일 수 있는 과학 심화 공부를 통해 하나의 문제를 여러 관점에서 고민하고 깊이 있는 과학적 사고를 경험한다면 분명 도움이 될 것입니다.

시중에 있는 교재 중 《하이탑》(동아출판) 같은 심화 교재를 풀어 보는 것도 좋습니다. 혹시 혼자서 풀기 어렵다면 EBS 중학 사이트에서 무료로 인터넷 강의를 들어볼 수 있으니 최상위권이 목표라면 심화 공부를 해 보길 권합니다.

세 번째는 서술형 연습입니다. 2025년 고1부터는 본격적으로 고교학점제가 시행됩니다. 또한 내신 시험에 객관식 문제 비율은 줄이고 서술형 문제 비율을 높이라는 교육부의 지침에 따라 서술형의 영향력이 커질 것입니다. 그렇기에 과학 역시 중등 때부터 서술형 연습을 해 보길 추천합니다.

145

EBS 중학 사이트에서 내신대비 학습 〉시험대비 강좌 〉교과서별 서술형/수행평가에 들어가 보면, 중등 과학에 대한 서술형 강의를 무료로 들어볼 수 있으니 활용해 보길 추천합니다.

네 번째는 과학 선행 학습입니다. 중등 최상위권이 아니라면 일단 국어, 수학, 영어를 탄탄하게 해 두는 것이 우선입니다. 다만 국어, 영어, 수학이 어느 정도 학습이 되어 있는 상태이고, 고등 최상위권이 목표라면 '통합과학'에 대해서는 미리 개념 학습과 모의고사 문제를 접해보는 것이 좋습니다.

고등 선행 때 모의고사 기출문제집을 풀라고 이야기하는 이유는 고등 과학 내신에서 '킬러 문제'로 모의고사 기출문제 변형이 나오는 학교가 많기 때문입니다. 학기 중에 처음 모의고사 문제를 접하게 되면 어려울 수도 있고 해야 할 것들도 많은 만큼, 미리 접해 보는 것이 유리할 것입니다. 개념 공부는 시중에 있는 교재나 EBS 인터넷 강의를 활용해도 좋고, 모의고사 문제집으로는 《자이스토리 통합과학》(수경출판사)을 추천합니다.

과학/사회/한국사: 중등 내신 A등급 공부법

과학, 사회, 한국사 세 과목은 모두 중등 내신 A등급 공부법이 같습니다. 철저한 개념 공부와 다양한 문제를 풀어 보는 것에 집중하면 됩니다. 우선 방학 때 다음 학기 개념서로 개념을 공부합니다. 교과서는 원리 이해용으로 활용하면서 개념서로 개념 공부를 제대로 해 주는 겁니다. 내신 기간 때는 개념서를 회독하면서 문제집을 2~3권 정도 풀고, 다른 주요 과목처럼 문제은행 사이트에서 범위에 맞게 문제를 출력해 시간 내로 푸는 연습을 하며 실전 감각을 끌어올리면 무난히 A등급을 받을 수 있습니다. 여기서는 과목별로 중등 때 해 두면 좋은 공부법을 보충하여 말씀드리겠습니다.

우선 과학 과목입니다. 중등 시기에 내신 대비를 위해 과학 심

147

화를 하는 게 좋을지에 대한 질문을 자주 받는데, 이 부분은 학교에 따라 다릅니다. 심화 수준의 문제까지는 나오지 않는 중학교도 많기에 이런 경우라면 심화 문제집을 풀기보다는 유형서 위주로 공부합니다.

만약 과학 시험이 어렵게 출제되는 학교라면《하이탑》(동아출판) 같은 심화 교재를 추가로 풀어주는 것이 좋습니다. 중등 과학 개념서로는《뉴런 과학》(한국교육방송공사),《완자》(비상교육),《신사고 우공비》(좋은책신사고) 등이 있으며, 유형서로는《오투》(비상교육),《올리드》(미래엔),《내공의 힘》(비상교육) 등이 있으니 참고하여 선택하길 바랍니다.

다음은 사회 과목입니다. 사회는 과학처럼 고등 선행을 따로 하지 않아도 되는지 궁금해하는 친구들이 많습니다. 과학은 '암기'와 '이해' 둘 다 필요하지만, 사회는 '이해'보다는 '암기'에 비중이 있는 과목으로 미리 해 둘 필요까지는 없습니다. 다만 이제 2025년 고1부터는 고1 때 배우는 '통합사회'가 내신뿐만 아니라 수능에서도 문·이과 구분 없이 봐야 하는 과목이 되었으며, 또한 고1 첫 시험에서 자신감을 얻고자 하는 학생들도 있기에 중3 기말고사가 끝난 후부터는 인터넷 강의나 시중 개념서를 활용해 통합사회 개념 공부를 시작해도 좋습니다. 그리고 시간적 여유가 있다면 사회 과목은《중학 독서평설》같은 시사 잡지를 중등 3년 동안 틈틈이 읽으면서 시사 상식을 쌓는 것이 도움이 될 것입니다.

한국사 과목의 경우는 고등학교 진학 전까지 고등 수준의 한국사 개념을 제대로 정리해 두는 것이 유리합니다. 미리 정리해 두지 않으면, 나중에 암기해야 할 분량이 많아서 다른 과목 공부에 방해가 될 수도 있습니다. EBSi 무료 인강이나 메가스터디 〈이다지 선생님의 한국사 강의〉, 대성마이맥 〈권용기 선생님의 용기백배 한국사 해설 강의〉 등을 이용해 개념을 미리 정리하고 역사 흐름을 파악해 두는 것도 가능합니다.

도덕, 정보, 기술/가정 등 중등 기타 과목 공부에서 가장 중요한 것은 수업 시간에 열심히 선생님의 설명을 듣는 것입니다. 당연한 얘기지만, 실제 중학생들을 보면 기타 과목 수업 시간에는 주요 과목에 비해 수업에 집중하지 않고 딴짓하는 학생들이 많은 편입니다. 주요 과목에 비해 덜 중요하다는 인식이 있어서인지 수업 시간에 열심히 참여하는 학생을 찾아보기 어렵습니다. 하지만 기타 과목 수업 시간에는 집중력이 더 필요합니다. 나중에 따로 시간을 내어 공부하기에는 여유가 없기 때문입니다.

일단 가장 중요한 건 다른 주요 과목들과 마찬가지로 발표도 열심히 하고, 필기도 열심히 하며 수업 시간을 충실히 보내는 것입니다.

복습도 빼놓지 말고 해 둡니다. 매주 한 번 씩은 교과서를 다시 넘겨 보며 지난 일주일 동안 배운 내용을 정리하는 정도의 복습은 해 두는 것이 좋습니다.

학생들을 보면 기타 과목 내신 대비는 시험 1~2주 전부터 시작하는 경우가 많습니다. 하지만 시험 1~2주 전은 시험과 정말 가까워진 시기라 국어, 영어, 수학, 과학 공부만 제대로 하기에도 바쁜 시기입니다. 그러니 좀 더 여유 있게 최소한 '시험 3주 전'부터 시작하길 권합니다. 시험 3주 전부터 시험 1주가 남기 전까지는 배운 내용에 대해서 자습서와 평가문제집을 풀어 보며 꼼꼼하게 개념을 정리하고 다양한 문제 유형을 익혀보는 것이 좋습니다. 그리고 시험 1주 전에는 개념 암기에 집중하면서, 자습서와 평가문제집을 풀며 틀린 문제들 위주로 점검해 보면 됩니다.

사실 이렇게만 해도 A등급을 받을 수 있습니다. 기타 과목이라고 중요하지 않게 여겨 자습서와 평가문제집을 푸는 학생이 많지 않기 때문이죠. 평소 수업을 열심히 듣고, 시험 3주 전부터 공부를 시작하고, 자습서와 평가문제집도 챙겨 푼다면, A등급은 충분히 받을 수 있을 것입니다.

151

· Level 5 ·

| 멘탈 관리 |

슬기로운
학교생활을 위한
의대생의 조언

번아웃이 두려운 중3 성철이

성철 : 멘토님, 저는 요즘 자꾸만 공부가 하기 싫어져 고민이에요. 공부하는 동안에도 제대로 집중하지 못하고 자꾸 스마트폰을 만지게 되더라고요. 제 꿈이 의사라 공부를 열심히 해야 하는데 말로만 듣던 번아웃이 오는 건 아닐지 두렵기도 하고, 어떻게 하면 이 상황을 벗어날 수 있을지 걱정이에요.

민찬 멘토 : 성철아, 요즘 고민이 많겠네. 나도 너처럼 중학교 3학년 때 스마트폰 때문에 힘들었던 기억이 있어. 그때 당시 페이스북 같은 SNS가 인기가 많을 때라 나도 거기에 빠져 공

155

부할 때도 5분 간격으로 스마트폰을 만지면서 공부에 집중하지 못했지.

성철: 정말요? 멘토님은 그런 경험이 없을 줄 알았어요.

민찬 멘토: 아냐, 나도 똑같았어. 나는 거의 SNS 중독 상태였고, 그 사실이 친구들의 입을 통해 담임선생님한테까지 전해졌어. 그때 담임선생님이 나를 불러서 이렇게 조언해 주셨어. "민찬아, 너 꿈이 의사라고 했지? 스마트폰 사용 시간 하나도 혼자서 조절하지 못하면서 어떻게 사람의 생명을 살릴 수 있겠어?"라는 선생님 말씀을 듣고, 처음에는 충격을 받았어. 근데 진짜 생각해 보니까 맞는 말이더라고. 나 스스로 스마트폰 사용 하나 제대로 통제하지 못하면서 사람의 생명을 살리는 일을 어떻게 할 수 있겠어. 그때 이후로 나는 공부에 집중하지 못하고 번아웃이 올 것 같은 상황을 만나면 '나는 나중에 사람을 살릴 사람이다.'라는 말을 떠올리면서 이겨내려고 했어. 너도 마찬가지야. 네 꿈도 의사잖아. 의사가 되려면 최소한 스마트폰 사용 정도는 스스로 조절할 수 있어야지. 그것도 못 하면

의사가 될 자격이 없다고 생각해.

성철 : 멘토님이 직접 들었던 조언을 이렇게 자세히 듣고 나니 저도 많이 반성하게 돼요. 의사라는 꿈을 잊지 않고 늘 떠올리면서 스마트폰 사용 시간 정도는 스스로 통제할 수 있게끔 해 보겠습니다. 그리고 혹시 공부할 때 스마트폰을 사용하지 않기 위해서 할 수 있는 또 다른 방법은 없을까요?

민찬 멘토 : 나는 절대 공부하는 책상 위에 스마트폰을 올려두지 않았어. 공부할 때만큼은 눈에 보이지 않는 곳에 스마트폰을 두었고, 눈에 보이지 않으니 확실히 덜 쓰게 되더라고.

성철 : 아, 그렇군요! 저는 맨날 책상에 스마트폰을 올려뒀는데…. 앞으로는 눈에 보이지 않는 곳에 두는 연습을 해 볼게요. 꼼꼼히 상담해 주셔서 감사합니다!

자유학기제, 자칫하다 공부와 멀어지게 된다

자유학기제는 시험을 보지 않고 진로 탐색에 더 초점을 맞춰 운영하는 학기입니다. 중학교 1학년 때 실시하고 있지요. 자유학기제의 장점이 분명히 있지만, 제가 상담한 중2~고3 학생 중 상당수는 이 자유학기제 시기를 후회하는 경우가 많았습니다. 자유학기제 때 학교 시험을 보지 않다 보니 해당 학기에 배우는 과목 공부에 소홀해지거나 공부에 대한 흥미를 잃고 기본기가 부족해져서 힘들었다는 이야기였습니다.

자유학기제는 시험을 보지 않기 때문에 시험에 대한 부담이 없다는 장점이 있지만, 오히려 시험이 없어서 긴장도가 떨어지고 공부를 소홀히 하게 될 수 있다는 치명적인 단점도 있습니다. 그렇다면, 이 자유학기제를 어떻게 보내는 게 좋을까요? 저는 다음과 같이 세 가지를 제안합니다.

첫 번째는 자유학기제 시기를 '자신의 약점을 보완하는 시간'으로 삼는 것입니다. 중고등 6년은 생각보다 훨씬 더 바쁘고 해야 할 것이 많은 시기입니다. 학기 중에는 자신의 공부 약점을 발견하더라도 그 약점을 채우려면 방학이 되기를 기다려야 할 정도로 시간이 부족합니다. 예를 들면, 공부하다가 자신이 수학 연산 실력이 부족함을 알게 되더라도, 학기 중에는 많은 시간을 할애할 수 없습니다. 방학은 되어야 하루에 30분 이상 연산에 집중하며 약점을 보완할 시간을 확보할 수 있는 거죠. 자유학기제 시기에는 시험에 대한 압박이 없는 만큼 좀 더 여유로운 환경에서 본인의 약점을 차분히, 더 확실히 보완할 수 있습니다. 그러니 자유학기제 때는 과목별로 부족한 부분에 대해 약점을 보완할 수 있는 공부 시간을 확보하는 것이 좋습니다.

두 번째는 '진로에 대해 고민하는 시간'으로 삼는 것입니다. 중고등 6년을 보내다 보면 학교 공부와 수행평가만 하기에도 바쁩니다. 나중에 어떤 진로로 나아가면 좋을지 고민할 시간이 없는 것이 현실입니다. 그렇기에 이 시간 동안에 본인이 관심 있는 분야에 대한 영상을 찾아보고 책도 읽어 보면서 미래에 대해 고민한다면, 새로운 공부 동기 부여를 마련하는 데에도 도움이 될 것입니다. 특히 2025년에 고1이 되는 학생들부터 전국적으로 시행되는 고교학점제는 '진로에 따라 학생들이 원하는 과목을 선택하여 수업을 듣는 제도'입니다. 그만큼 학생들이 스스로 과목을 선택해야 할 일이 많아집니다. 결국 고등 진학 전까지 자신의 진로를 명확히 설정해 두는 것이, 고등학생이 된 후 진로와 관련해 과목을 선택하는 데도 유리할 것입니다.

마지막 세 번째는 '해당 학기 내용을 제대로 공부하는 시간'으로 삼는 것입니다. 시험을 보지 않는다고 해서, 해당 학기에 배우는 내용이 중요하지 않은 것은 아닙니다. 중등 교육과정은 어떤 과목이든 앞서 배운 내용을 알면 뒤에 나오는 내용이 더 잘 이해되도록 설계되어 있습니다. 시험을 안 본다고 해서 해당 학기 공부를 소홀히 해서는 안 되는 이유입니다. 다른 때와 똑같이 예습, 복습하고, 심화 문제집도 풀고, 문제은행 사이트를 활용해 실전 문제도 풀며 시험을 준비한다는 생각으로 공부해야 합니다.

자유학기제 시기에는 시험이 없기에 그만큼 공부 의지를 잃기도 쉽습니다. 하지만 이 시기를 자신의 약점을 보완하고, 진로에 대해 고민하고, 해당 학기 내용을 제대로 공부하는 시간으로 만든다면 분명 다른 친구들보다 앞서나갈 수 있는 원동력이자 소중한 계기가 될 것입니다.

자기 자신을 객관적으로 보는 것은 정말 쉽지 않습니다. 개인적인 생각이 개입될 수밖에 없고, 주관적인 경향도 강해지기 때문입니다. 하지만 객관적으로 바라볼 줄 아는 자세는 너무나 중요합니다. 특히 공부에 있어서는 더 그렇습니다. 공부할 때 객관적인 자세를 가지기 위해서는 어떻게 해야 할까요? 제가 했던 방법을 하나 알려드리겠습니다. 바로 '시험 분석표 작성'입니다.

먼저 매 시험이 끝날 때마다 과목별로 '시험 분석표'를 만듭니다. 시험 분석표에는 '시험공부 기간', '학원', '문제집', '오답 원인', '결론'이라는 다섯 가지 항목이 들어갑니다. 저는 매 시험이 끝난 후에 과목별로 제가 실제 시험에서 풀었던 시험지를 다시 보면서, 이 다섯

161

가지를 점검했습니다.

먼저 시험공부 기간에 관한 항목에서는 몇 주 전부터 공부를 시작했고, 얼마나 시간을 투자했는지 내가 써 두었던 플래너를 살펴보며 확인합니다. 그러면서 혹시 소홀히 한 과목은 없었는지 점검합니다. 두 번째로 학원에 관해서는 내가 다닌 학원에서 했던 공부가 이번 시험 준비에 도움이 되었는지를 돌아봅니다. 학원에서 했던 것 중 불필요한 공부는 없었는지, 학원의 도움 없이 혼자서 해도 되는 것은 없었는지 확인해 보며 학원을 계속 다닐지 결정하는 과정입니다.

세 번째로 문제집도 점검합니다. 이번 시험 대비를 위해 풀었던 과목별 문제집 종류를 확인하면서, 너무 적게 푼 건 아닌지, 혹시 심화 문제집 개수가 부족했는지, 한 문제집을 꼼꼼히 풀지 않고 여러 권을 소화하는 데만 집중한 것은 아닌지 등을 확인합니다. 네 번째는 오답 원인을 알아보기 위해 시험에서 틀린 문제를 살펴보며 그 원인이 계산 실수인지, 개념 부족인지, 심화 문제 풀이 부족인지, 시간 부족인지 꼼꼼히 분석한 후 문제점을 파악합니다.

마지막으로 앞선 네 가지 요소를 통해 문제점을 파악한 뒤 최종으로 결론을 내립니다. 학원이 문제였는지, 문제집이 문제였는지, 시험공부 기간이 문제였는지, 시험에서 실수가 문제였는지 원인을 정확히 분석한 후, 앞으로 어떤 점을 보완해야 할지 결론을 내립니다. 이 결론을 바탕으로 공부 방식을 보완하여 그다음 시험에서는 부족

공부는 멘탈 게임이다

함을 채우는 공부를 할 수 있게끔 준비하는 것입니다.

　이렇게 저는 늘 이 다섯 가지 항목이 포함된 시험 분석표를 만들어 과목별로 작성하면서 최대한 객관적으로 나의 실력을 파악하고자 노력했습니다. 이러한 객관화 과정을 통해 시험마다 스스로 부족한 점을 판단하고 보완해 나가며 점점 더 좋은 성적을 받고 목표를 향해 나아갈 수 있었습니다.

고집부리지 말고 유연한 자세를 갖자

남들의 의견과 상관없이 내가 옳다고 생각하는 주장을 그대로 밀고 나가면 흔히들 '소신 있다'라고 말합니다. 인생을 살면서 때로는 자신의 주장을 굽히지 않고 밀고 나갈 줄 아는 소신 있는 태도도 필요합니다. 하지만 중고등 6년 동안에는 소신 있는 자세보다는 '유연한 자세'가 더 필요한 경우가 많습니다. 여기서는 왜 중고등 시기에 유연한 자세가 더 필요한지 이야기해 보고자 합니다.

먼저 공부를 할 때는 자신만의 공부 방법도 중요하지만, 다른 학생들이 어떻게 공부하는지 참고하며 보완할 줄 아는 자세도 필요합니다. 중고등학생들을 직접 상담해 보면, 분명 비효율적인 공부 방식인데도 불구하고 자신의 공부법이 100% 옳다고 생각하면서 조언을 듣지 않고 본인만의 공부법만을 고수하는 학생들을 종종 볼 수 있습니다.

예를 들면, A 학생의 공부 패턴을 분석해 보니 복습에 시간 투자를 적게 하는 것이 문제로 판단되었지만, A 학생은 복습보다 더 많은 문제집을 푸는 것이 좋다며 자신의 공부법을 고수했습니다. B 학생은 문제집 한 권을 1회독만 하고 넘어가다 보니 자꾸만 비슷한 유형의 문제를 틀리는 일이 반복되었습니다. 저는 B 학생에게 한 권을 최소 2회독하며 틀린 문제를 확실히 정리하는 것이 좋겠다고 조언했지만, B 학생은 이미 한 번 푼 문제를 다시 보는 시간이 아깝다며 수용하지 않았습니다.

여러분이 꼭 알아 두어야 할 것이 있습니다. 바로 자신의 공부법이 틀릴 수도 있다는 사실입니다. 익숙함에 빠져서 하나의 공부법만을 고수하기보다는 수험생 커뮤니티, 주변 친구들, 교육서 등 다양한 곳에서 공부법을 접하고, 만약 도움이 될 것 같은 공부법이 있다면 실제로 자신의 공부법을 수정하거나 직접 적용해 보며 유연한 자세를 갖는 것이 결과적으로 나의 성장과 발전에 도움이 됩니다.

다음으로 학교생활에서도 유연한 자세가 필요합니다. 중고등학교 생활을 하다 보면 종종 선생님, 친구들과 의견 충돌이 생길 때가 있습니다. 그럴 때는 일단 자신의 주장을 접고 최대한 다른 사람의 의견을 들으려는 태도를 갖는 것이 좋습니다. 여러분 생각에 부당하다고 여겨지는 부분이 있을 수 있고, 선생님도 당연히 사람이기에 실수할 때가 있습니다. 하지만 꼭 필요하지 않은 상황에서 과하게 부딪치면 그 선생님이 가르치는 과목 자체와 멀어질 수도 있고 학교생활에 걸림돌이 생길 수도 있습니다. 학교 선생님은 결국 여러분의 수업태도를 평가하는 분인 만큼 다툼을 만들기보다는 되도록 선생님의 의견을 존중하는 것이 좋습니다.

친구들과의 관계도 마찬가지입니다. 친구들과의 의견 나눔 시 자신의 의견만 옳다고 고집하는 것도 좋지 않습니다. 친구들의 의견에 부족함이 있다고 느껴지더라도 큰 문제가 있는 것이 아니라면 친구의 의견을 존중하고 따를 줄도 아는 유연한 자세를 갖는 것이 장기적으로 친구들과의 관계에도 도움이 됩니다. 만약 친구들이 괴롭힌다거나 따돌리는 등 해를 가하는 행동을 한다면 당연히 조치가 필요하겠지만, 사소한 의견 차이 정도라면 그 차이로 충돌을 만들기보다는 먼저 손을 내밀어 양보할 줄도 아는 자세가 학교생활에 도움을 줄 것입니다.

이렇듯 나만의 생각을 고수하기보다 유연한 태도를 지닐 때, 중고등 시기의 공부도 학교생활도 훨씬 더 발전적으로 해 나갈 수 있을 것입니다.

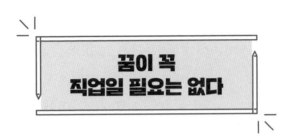

중고등학생들과 상담할 때면 진로 문제에 대해서도 자주 이야기 나누곤 합니다. 학생들에게 꿈이 무언지 물어보면, 대부분 의사, 판사, 선생님, 정치인, 과학자 등 특정 직업으로 대답합니다. 하지만 꿈이 꼭 직업일 필요는 없습니다. 진로 희망을 찾고자 할 때는 특정한 직업을 찾는 것보다 여러분이 정말 하고 싶은 일이 무엇인지, 여러분이 중요하다고 생각하는 가치가 무엇인지에 우선 집중해 보는 것이 좋습니다.

아직 꿈이 명확하지 않은 학생도 많을 것입니다. 그리고 꿈이 명확하지 않은 것은 어쩌면 당연하기도 합니다. 많은 경험을 해 보지 못한 나이이고, 성인이 되기까지 시간도 많이 남았기 때문입니다. 다양한 직업 중 아직 모르는 직업도 많고, 내가 어떤 걸 잘하는지, 어떤 걸 좋아하는지에 대한 확실한 기준이 없는 경우도 많기 때문입니다.

물론 공부에 있어서 자기만의 명확한 목표가 있다면 확실한 동기 부여가 됩니다. 그렇다 보니 아직 희망 진로를 구체적으로 생각하지 못한 학생들도 동기 부여를 위해 목표를 '직업'으로 정하려고 시도합니다. 이때 목표가 없는 상태가 지속되면 공부하면서도 불안해하거나 공부하기 싫은 순간이 올 때 쉽게 포기하게 되기도 합니다. 이럴 때는 목표 설정 방식을 바꿔 보는 것도 좋습니다.

앞서 이야기한 것처럼 꿈이 꼭 직업일 필요는 없습니다. 목표를 세울 때도 마찬가지로 꼭 직업을 목표로 정해야 한다는 생각을 버리세요. 대신 여러분이 나중에 어떤 일을 하고 싶은지, 어떤 가치를 실현하고 싶은지를 고민해 보는 겁니다.

예를 들어, '나는 국내가 아닌 해외에서 일하고 싶다'고 한다면, 이를 목표로 설정할 수 있습니다. 이를 목표로 삼고 나아가다 보면 나중에 직업으로 외교관이 될 수도 있고, 의사가 되어 해외 봉사를 할 수도 있습니다. '나는 약자를 돕는 일을 하고 싶다'라고 한다면 이를 목표로 삼고, 나중에 의사, 간호사, 사회복지사, 정치인 등 여러 직업을 통해 이 목표를 이룰 수 있습니다.

이렇듯 진로 희망을 하나의 직업이 아니라 하나의 목표로 설정해 둔다면, 진로 희망을 정할 때 부담감도 줄고, 선택할 수 있는 직업의

공부는 멘탈 게임이다

폭도 넓어지면서 여러분의 가능성을 더욱 확장시켜 줄 것입니다.

이미 특정 직업을 목표로 설정한 학생이라고 해도 여러분이 그 직업을 통해 궁극적으로 하고 싶은 일이 무엇인지를 충분히 생각해 보고, 이 가치를 중심으로 더 넓은 범위의 목표를 설정하는 것도 좋습니다.

만약 '의사'라는 직업을 희망 진로로 정해 두었다면, 내가 '의사'라는 직업을 통해 어떤 가치를 실현하길 원하는지 생각해 보는 겁니다. 그렇다면 성적이 떨어져 의사라는 꿈에 도전하지 못할 상황이 오더라도 쉽게 좌절하거나 후회하기보다 내가 바라는 가치에 따라 직업의 범위를 확장할 수도 있습니다. '사람들의 건강을 지키는 일을 하고 싶다'라는 가치에 초점을 두고 목표를 정한다면 직업 선택의 폭도 훨씬 넓어질 것입니다.

자신감과 자제력을 키우는 말의 힘

중고등 6년 내내 제가 스스로 되뇌던 말이 있습니다. 바로 '나는 나중에 크게 될 사람이다'라는 문장입니다. 이 말을 되뇌며 일상생활이나 멘탈 관리에 도움을 많이 받았기에 여러분에게 소개합니다.

저는 특히 스마트폰 사용을 자제할 때 이 문장을 활용했습니다. 저 역시 다른 학생들과 마찬가지로 SNS와 유튜브 시청 때문에 스마트폰 사용 시간을 조절하지 못해 공부에 방해가 되었던 경험이 있습니다. 하지만 그럴 때마다 저는 '나는 나중에 크게 될 사람이다'라는 문장을 떠올렸습니다. '나는 나중에 크게 될 사람인데, 고작 이 스마트폰 사용 시간 하나 관리하지 못하는 건 말이 안 된다'고 반복하여 생각한 것입니다. 스마트폰 사용 시간 하나도 조절하지 못한다면 나는 크게 될 자격이 없다라는 뜻이었지요. 또한 의사가 되겠다는 나의 꿈과 연결하여 '사람의 생명을 다룰 사람이 스마트폰 사용 시간 하나조차도 조절하지 못한다면 의사가 될 자격이 없다'라고 말하며 스스로 질책하기도 했습니다. 모두 스스로 정신을 가다듬고 멘탈을 관리하고자 한 노력의 과정이었습니다.

여러분도 활용해 보길 권합니다. 일상의 작은 습관에 대해 자제력과 인내력을 키울 수 있는 방법입니다. 스스로 스마트폰 사용 시간도 조절하지 못하면서 나중에 어떤 일을 할 수 있을까요? 스스로 게임 시간도 조절하지 못하면서 나중에 다른 사람을 돕는 일을 잘 해낼 수 있을까요? 이런 생각을 늘 한다면 스마트폰 사용이나 게임 문제뿐만 아니라 일상의 여러 습관에서 스스로 통제하는 힘을 기를 수 있으리라 생각합니다.

주변인들과의 관계도 마찬가지입니다. 부모님 말씀, 선생님 말씀도 제대로 안 들으면서 어떻게 나중에 다른 사람의 말을 경청해야 하는 자리에서 일하는 사람이 될 수 있을까요? 시험을 대하는 태도도 그렇습니다. 한 번의 시험 성적으로 좌절하거나 공부를 포기하는 약한 멘탈이라면 나중에 어떻게 큰일을 할 사람이 될 수 있을까요? 제가 그랬던 것처럼, 여러분도 뭔가 마음이 흔들릴 것 같을 때는 '나는 나중에 크게 될 사람이다'라는 문장을 몇 번이고 되뇌면서 곱씹어 보길 바랍니다.

중학생이 되면 자기 주도력이 커집니다. 일상생활에서뿐만 아니라 친구 관계, 외모 스타일 모두 자기 주도적으로 선택하고 싶어 합니다. 하지만 아직 공부 영역에서만큼은 여전히 부모님이 골라준 대로, 시키는 대로 하며 자기 주도력을 발휘하지 못하는 경우가 많습니다.

여러분이 다니게 될 학원, 여러분이 풀 문제집에 대한 최종 선택권은 누구에게 있나요? 저는 여러분이 공부 영역에서도 자기 주도력을 발휘하길 바랍니다. 그러기 위해서는 학원과 문제집 선택에 있어 '최종 선택권'을 가지는 연습을 해 보는 것이 도움이 됩니다.

먼저 학원 선택에 관해서입니다. 학원 선택을 할 때 보면 주변 친구들이나 부모님의 추천으로 다닐 학원을 선택하는 경우가 많습니다. 하지만 이렇게 누군가의 추천으로 학원에 다니게 되면 그 학원이 나에게 맞는 학원인지, 그 학원이 어떠한 교재로, 어떠한 커리큘럼으로, 어떤 방식으로 수업하는지 알지 못한 채로 다니게 됩니다. 때로는 시간 낭비를 하고 잘못된 공부를 하게 되는 경우도 종종 생깁니다. 물론 학원을 선택할 때는 다른 사람들의 추천을 받을 수 있습니다. 그러나 학원에 등록하기 전에 꼭 당사자인 여러분이 학원에 방문해서 직접 상담을 하고 최종 선택을 하면 좋겠습니다.

학원에서 상담할 때는 나에게 잘 맞을 학원인지 판단해 보는 과정을 거쳐야 합니다. 이 학원에는 주로 어떤 등급의 학생들이 다니는지, 어떤 교재를 쓰는지, 수업 시간은 어떻게 되는지, 내신 대비는 잘 해 주는지 등 여러분이 궁금한 질문 리스트를 미리 정리하여 꼼꼼히 직접 물어보는 것이 좋습니다. 남들의 추천만으로 결정을 하는 것이 아니라 학원 상담을 통해 본인이 최종 결정을 해야만 자신에게 맞는 학원을 현명하게 선택할 수 있습니다.

문제집도 마찬가지입니다. 남들의 추천만 듣고 바로 문제집을 구매하기보다는 2~3가지 정도 후보를 정해 두고 직접 서점에 가서 문제집을 넘겨보며 마음에 드는 형태의 문제집을 선택하거나 아니면 직접 다양한 문제집 후기를 찾아보면서 여러분만의 기준을 가지고 문제집을 선택할 수 있어야 합니다. 최종 결정의 주체는 남이 아닌 자신이 되어야 자기에게 더 필요한 것을 선택할 수 있게 됩니다.

173

학원이든 문제집이든 최종 선택은 여러분 자신이 해야 합니다. 그래야만 내게 필요한 것이 무엇인지 판단할 수 있는 안목이 생기며 내가 선택한 만큼 그 결정에 대해 책임감을 느끼며 더욱더 성실하게 공부에 임할 수 있게 됩니다. 그러니 앞으로는 공부에 있어서도 여러분이 최종 선택권을 갖는 연습을 해 보길 바랍니다.

공부는 멘탈 게임이다

학교에 다니면서 다른 친구들이 공부하는 모습을 보면 마음이 급해지는 경우가 많습니다. 벌써 고등 과정을 선행하는 친구도 있고, 시험 3~4주 전인데 심화 문제집까지 다 푼 친구도 있습니다. 나보다 공부를 덜 한 것 같은데 더 좋은 성적을 받는 친구도 보입니다. 이런 친구들을 보면 현재 내 모습이 실망스럽기도 하고, 진도를 빠르게 나가야 한다는 급한 마음이 생기기도 합니다. 하지만 중학생 때는 절대 급할 필요가 없습니다.

만약 고등학교 성적처럼 중학교 성적이 대학 입시에 반영된다면 더욱 긴장하고 열심히 공부해야겠지만, 중학교 성적은 대학 입시에 반영되지 않습니다. 중학교 시기의 공부는 대학 입시와 직접적인 연

175

관이 있기보다 고등학교 3년을 잘 보내기 위해서 앞서 준비하는 시기입니다. 오로지 진도에만 신경 쓰며 남들을 따라잡으려 급하게 공부하기보다는 시간은 더 걸리더라도 기본기를 탄탄히 쌓는 것에 집중하면서 자신의 부족한 부분을 확실히 채워나가는 것이 도움이 됩니다.

이런 이야기를 하는 이유는 제 경험과도 관련 있습니다. 제가 중학생 때 조급한 마음에 실속 없이 공부했던 학생이었기 때문입니다. 그 당시 저는 수학 선행을 빠르게 나가는 학원에 다녔습니다. 남들보다 빠르게 진도를 나가는 모습이 멋있어 보인다는 철없는 생각에 답안지를 베끼면서까지 억지로 선행 진도를 따라갔습니다. 복습도 제대로 하지 않았고, 회독도 하지 않은 채 그저 개념서 위주로 빠르게 진도만 나갔습니다. 중학교 3년 동안은 문제가 없었습니다. 남들보다 빠르게 진도를 나간다는 그 사실 하나만은 저를 즐겁게 해 주었죠. 하지만 고등학생이 되고 난 뒤로 중학생 때 수학 선행에 급급했던 것이 너무나도 후회되었습니다. 왜냐하면 머릿속에 남아 있는 지식이 0에 가까울 정도로 아무것도 기억하지 못했기 때문입니다. 몇몇 용어만 기억날 뿐 마치 머릿속이 리셋이라도 된 듯 배운 것이 기억나지 않았습니다. 결국 고등학생이 되어서 다시 처음 기초 개념부터 공부해야 했습니다.

이렇게 잘못된 선행을 하느라 정작 중등 시기에 심화 문제집을 깊이 있게 푸는 연습을 충분히 하지 못했고 선행은 선행대로 실패하고 말았습니다. 이 때문에 고등 3년 동안 수학이 늘 약한 과목으로 발목을 잡았고, 이를 정상 궤도까지 끌어올리는 데에는 상당한 노력이 필요했습니다.

중등 시기에는 절대로 급할 필요가 없습니다. 고등 3년을 잘 보내기 위해 준비하는 시기라고 생각하길 바랍니다. 무리한 선행 진도보다는 탄탄하게 기본기를 쌓는 것이 더 중요하다는 점을 기억해 주길 바랍니다.

완벽함이 아닌 탁월함을 위해 애써라

중고등 6년간 내신과 모의고사 등 수많은 시험을 봅니다. 그리고 매 시험이 끝날 때마다 후련함과 함께 아쉬움이 남습니다. 정말 계획대로 잘 준비해서 목표보다 더 잘 본 과목이 있는가 하면, 어떤 과목은 계획보다 공부를 많이 하지 못하거나 생각보다 낮은 점수를 받기도 합니다. 그럴 때면 '좋은 성적을 받았더라면', '좀 더 완벽하게 할 수 있었는데'라는 생각에 아쉬움을 느끼기도 합니다.

이러한 아쉬움이 공부의 건강한 원동력이 되어준다면 가장 좋겠지만, 간혹 어떤 학생들은 시험을 볼 때마다 스스로 자책하거나 실망하고 공부의 동력을 잃기도 합니다. 이러한 학생들을 위해 꼭 이 말을 들려주고 싶었습니다. '완벽함이 아니라 탁월함을 위해서 애써라.'

라는 명언입니다.

완벽함을 추구하는 건 어쩌면 불가능한 일입니다. 저 또한 완벽한 시험공부를 해 본 기억이 없습니다. 늘 아쉬웠습니다. 실제 내신 시험의 준비 기간은 길어야 5~6주이고, 짧은 시간 동안 완벽함에 도달하기란 쉬운 일이 아닐 겁니다.

저는 '완벽함'보다 '탁월함'을 공부의 목표로 삼는 것이 좋다고 생각합니다. 탁월함이란 '남보다 두드러지게 뛰어나다'라는 의미입니다. 즉, '완벽함' 대신 '탁월함'을 추구하면 남들보다 한 발만 더 앞서나가도 충분히 좋은 성적을 받을 수 있습니다. 내신 시험은 상대평가이고, 모의고사나 수능 역시 일부 과목을 제외하면 상대평가입니다. 절대평가 과목인 영어나 한국사라 해도 각각 90점, 40점만 넘으면 1등급을 받습니다. 그러니까 이는 완벽하게 맞혀야 하는 것이 아니라 다른 친구들보다 조금만 더 잘 보면 되는 것입니다.

그렇다면 방법은 어렵지 않습니다. 다른 친구들이 시험 4주 전부터 공부할 때, 나는 시험 5~6주 전부터 미리 공부를 시작하는 것입니다. 다른 친구들이 단기 계획만 세울 때, 나는 6주 공부 계획을 미리 세워서 체계적으로 공부하는 것입니다. 다른 친구들이 특정 과목에만 치우쳐서 공부할 때, 공부 플래너를 쓰면서 모든 과목을 균형 있게 공부하고자 노력하는 것입니다.

한 발만 앞서가자는 마음으로 노력하는 것이 바로 완벽함이 아닌 탁월함을 추구하는 자세입니다. 이는 꼭 완벽하지 않아도 좋은 성적을 받을 수 있다는 사실을 깨닫게 해 줍니다.

주어진 짧은 시험 기간 안에 완벽하게 준비하기란 쉽지 않습니다. 그리고 완벽함을 추구할 필요도 없습니다. 그저 탁월함을 목표로, 남들보다 한 발 더 앞서나간다는 생각으로 꾸준히 공부한다면 분명 좋은 결과가 찾아오리라 확신합니다.

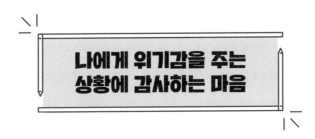

나에게 위기감을 주는 상황에 감사하는 마음

일상에 아무런 문제가 발생하지 않고, 위기의식을 느낄 만한 일이 없다면 현실에 안주하게 됩니다. 지금 하는 일이나 공부의 방향이 잘못되었더라도 확실한 위기감을 느낄 계기가 없다면 그 방향이 무조건 옳다고 생각하며 자만하기 쉽습니다. 저는 중고등 시기에 제게 위기감을 준 상황에 감사한 마음을 갖고 있습니다. 그 대표적인 몇 가지 사례를 들려드리고자 합니다.

첫 번째는 고등학교 1학년 때 A라는 학생이 갑자기 전학온 일입니다. 중학생 때부터 열심히 공부했던 저는 고등학교 1학년 1학기 때도 좋은 내신 성적을 받아 전교 1등을 했습니다. 그런데 그해 여름방학에 다른 학교에서 전교 1등을 하던 친구가 우리 학교로 전학을 오

181

게 되었습니다. 이미 우리 학교도 내신 경쟁이 치열했는데, 다른 지역에서 전교 1등을 하던 학생이 전학을 온다고 하니 친구들도 술렁이는 분위기였습니다. 처음에는 저도 당황했으나 결국 나중에 이 시기를 돌아보니 새로운 경쟁자의 등장 덕분에 저는 그 전보다 훨씬 더 치열하게 공부하게 되었습니다. 위기감을 느끼니 1학기의 성적에 안주할 새도 없이 더욱더 꼼꼼히 공부하는 태도로 집중할 수밖에 없었고, 결과적으로 A의 전학이 공부 동기 부여 측면에서 제게 도움을 주었습니다.

두 번째는 중학교 2학년 2학기 수학 시험 때의 일입니다. 원래 그 당시에 시험 4주 전에 학교 선생님께서 알려주신 시험 범위는 1~2단원이었습니다. 그런데 시험이 1주일 정도 남은 시점에서 갑자기 시험 범위가 3단원까지 포함해서 1~3단원으로 바뀌게 되었습니다. 당시 많은 학생이 불만을 표했습니다. 공부해야 할 범위가 한 단원 더 늘어난 것이고, 시험이 얼마 남지 않은 시점에 큰 부담으로 다가올 수 있기 때문입니다. 하지만 저는 이러한 위기 상황을 오히려 제 성적을 올릴 기회로 생각했습니다. 다른 친구들도 시간이 부족한 상황이니 내가 더욱더 열심히 공부하면 분명 다른 친구들보다 앞설 수 있다고 생각했기 때문입니다. 그리고 실제로 당시 수학 시험에서 평소보다 좋은 성적을 받을 수 있었습니다.

세 번째는 수능 국어 공부입니다. 늘 내신 대비 차원에서 국어 학원에 다니기만 하고 따로 국어 모의고사를 대비해 본 적이 없던 저는, 고등학교 3학년 때 3월 모의고사를 본 후 충격을 받게 되었습니다. 처음으로 국어에서 4등급이라는 성적을 받았고, 이는 큰 위기감으로 다가왔습니다. 그래서 이때부터 본격적으로 국어 인강을 듣고 시간을 내어 수능 기출문제들을 열심히 풀며 차츰 다시 성적을 올릴 수 있었습니다. 만약 3월 모의고사에서 4등급이라는 문제 상황이 발생하지 않았더라면 그렇게 열심히 공부하지 못했을 것입니다.

이렇듯 저는 위기감을 주는 상황에 스트레스를 받기보다 늘 감사한 마음을 가지려고 노력했습니다. 위기의식을 느끼게 하는 현실에 쉽게 포기하지 않고 동기를 부여하며 더욱 열심히 노력했습니다. 여러분도 중고등 생활을 하며 혹여 위기감을 주는 상황을 마주하게 되더라도 당황하기보다 오히려 감사한 마음을 가지고 현명하게 헤쳐나가기를 바랍니다.

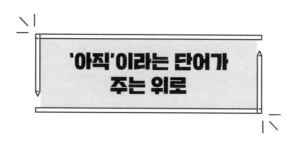

'아직'이라는 단어가 주는 위로

중고등 생활 6년을 하다 보면 힘든 순간을 맞닥뜨릴 때가 있습니다. 저는 그럴 때마다 '아직'이라는 단어를 떠올리며 위로를 받았습니다. 만약 내가 기대한 것보다 시험을 잘 보지 못했다고 가정해 봅시다. 이 상황에서 내가 현 상황을 비관적으로만 바라본다면 어떨까요? 상황은 아무것도 달라지지 않습니다. '나는 공부에 재능이 없나 봐'라고 스스로 단정 짓는 순간 공부 의욕도, 공부할 이유마저도 사라질 뿐입니다.

저는 그럴 때 '아직'이라는 단어를 활용해 용기를 얻고 다시 일어나려고 했습니다. '아직 내 실력이 완성되지 않았구나.' '아직 1등급을 받을 능력이 키워지지 않았구나.' 이런 식으로 말이죠. 한 번 시험

공부는 멘탈 게임이다

을 못 봤다고 해서 실패가 아닙니다. '아직' 성공에 이르지 못한 것뿐입니다.

공부만이 아니라 학교생활에서도 마찬가지입니다. 모둠 안에서 토론해야 할 일도 있고, 자료를 만들어서 친구들 앞에서 발표해야 할 일도 있습니다. 만약 발표를 정말 열심히 준비했는데 친구들 앞에서 긴장한 탓에 발표를 망쳐버렸다고 해서 너무 좌절할 필요는 없습니다. '아직' 앞에서 발표하는 게 익숙하지 않을 뿐, 계속 연습하고 경험을 쌓다 보면 언젠가는 친구들 앞에서도 논리적으로 잘 발표할 수 있게 될 것입니다. 그러니 너무 스트레스를 받을 필요는 없습니다.

초중고 12년은 마라톤과 같습니다. 대학 입시라는 최종 목적지에 도달하기 전까지는 모두 다 과정일 뿐입니다. 그 과정 어느 지점에서 누가 더 빠르고 느린지는 중요하지 않습니다. 그러니 늘 힘든 순간이 오더라도 '아직'이라는 단어가 주는 힘을 믿으며, 좌절보다는 다시 일어설 수 있는 용기와 위로를 얻길 바랍니다.

· Level 6 ·

| 타산지석의 자세 |

중고등 시기,
내가 후회한 것들

후회되는 것이 있던 재수생 준영이

준영 : 멘토님, 안녕하세요. 저는 현재 인서울 의대를 목표로 재수를 하고 있는 학생입니다. 요즘 고등학생 때 후회되는 일이 자꾸 떠올라 공부에 방해되더라고요. 이런 마음을 누군가에게 털어놓고 싶고, 중고등 후배들은 저처럼 후회하지 않았으면 해서 이렇게 상담을 신청하게 되었어요.

민찬 멘토 : 아, 그랬구나. 그럼 혹시 어떤 부분에 후회가 되는지 얘기해줄 수 있어?

189

준영 : 제가 가장 후회가 되는 건 건강 관리를 제대로 해 두지 않은 부분이에요. 특히 고3 때는 공부를 열심히 해야겠다는 생각에 하루에 점심 한 끼만 먹고 저녁은 아예 안 먹는 생활을 몇 개월 동안 계속 했어요. 그러다 보니 면역력이 떨어졌는지 감기도 자주 걸리고 두통도 생기고 건강도 안 좋아졌어요. 귀찮다는 핑계로 가벼운 산책이나 스트레칭조차도 안 했거든요. 그리고 고3 여름방학 때는 허리가 너무 아프길래 병원에 가서 검진 받아보니 허리디스크라고 하더라고요. 치료를 받느라 공부 시간도 뺏기고 아파서 후회했던 기억이 납니다.

민찬 멘토 : 아이고, 그랬구나. 많이 힘들었겠네. 나도 고3 때 먹는 걸로 스트레스를 풀다 보니 몸무게가 많이 늘고 건강이 좋지 않았던 경험이 있어서 그런지 공감이 된다. 그럼 혹시 중고등 후배들에게 해 주고 싶은 조언 있어?

준영 : 네, 우선 아무리 해야 할 공부가 많더라도 식사는 거르지 말고 꼭 잘 챙겨먹으라고 얘기하고 싶고요. 가벼운 스트레칭 정도는 5~10분만 시간을 내도 할 수 있으니 꼭 하라고 말

해 주고 싶어요. 그리고 늘 의자에 앉아있는 만큼 자세가 정말 중요해요! 안 그러면 저처럼 허리디스크까지도 올 수 있으니 꼭 바른 자세로 앉으라고 조언하고 싶습니다.

민찬 멘토 : 그래, 준영아. 이렇게 후배들을 위해 네가 후회되는 점을 얘기해 줘서 고마워. 앞으로 남은 재수 생활을 하면서는 건강 관리 잘하고 끝까지 열심히 공부해서 목표를 이루면 좋겠어. 응원할게!

준영 : 네, 멘토님! 이야기 잘 들어주셔서 힘이 됩니다. 열심히 공부해서 꼭 목표를 이룰게요!

01

부모님에게 짜증 부린 것

중고등학교 생활에는 생각보다 스트레스를 받을 일이 많습니다. 성적에 대한 스트레스, 학교생활 속에서 겪는 스트레스, 자유 시간이 점점 사라지는 것에 대한 스트레스 등 다양한 스트레스를 경험하게 됩니다. 그러다 보니 그 스트레스를 주변에 있는 가까운 사람들에게 푸는 경우도 종종 생깁니다. 이때 가장 쉽게 짜증을 부리고 화를 내는 대상은 대개 '부모님'이 됩니다.

저 역시 마찬가지였습니다. 공부와 학교생활로 인해 한껏 예민해진 저는 부모님의 사소한 잔소리에도 크게 화를 내고 화풀이를 한 적이 많았습니다. 특히 부모님이 나를 이해해 주지 못하는 것 같을 때 짜증을 많이 냈습니다. 시험도 얼마 안 남아 해야 할 공부도 많고 너무 바쁜데, '방 청소 좀 해라', '일찍 자라'와 같은 말이 모두 나를 이해하지 못하는 부모님의 잔소리로 들렸습니다. 서운한 마음에 버럭 화를 내기도 하고 짜증을 내기도 했습니다.

대학을 서울로 진학하며 부모님과 떨어져 지내면서 이제는 1년에 얼굴 볼 기회도 몇 번 없을 정도가 되었습니다. 그러면서 중고등 시기에 부모님께 짜증을 냈던 제 모습이 후회되었습니다. 부모님이 충고하고 잔소리했던 건 다 저를 위해서, 사랑하는 마음에 했던 말일 것입니다. 그런데도 저는 제 감정만을 내세우며 부모님의 마음에 상처를 주는 말들을 쏟아냈습니다.

아마 부모님과 함께 있는 이 순간이 영원할 것처럼 느껴지기도 할 것입니다. 하지만 부모님은 점점 나이 들고 여러분은 어른이 되어 부모님으로부터 독립하게 됩니다. 나중에는 부모님에게 잘해드리고 싶어도 가까이 있지 못해 그러지 못할 때가 많습니다. 사춘기여서 더 예민하고 힘든 시기라 하더라도, 부모님이 하는 말씀이 모두 자식을 아끼고 사랑하고 걱정하는 마음에서 하는 것이라고 이해하면 짜증을 조금이나마 줄일 수 있을 것입니다.

부모님이 자신을 이해해 주지 못한다는 느낌이 들어 서운할 때도 물론 있을 것입니다. 하지만 반대로 생각해 보면 우리는 부모님을 100% 다 이해하고 있나요? 당연히 그러지 못할 것입니다. 아무리 가족이라도 서로 이해하지 못하는 부분이 있습니다. 그렇기에 자신을 이해해 주지 못한다는 이유로 짜증을 내기보다는 서로의 차이를 자연스럽게 받아들일 줄 아는 자세가 필요합니다.

부모님이랑 다투면 장점보다 단점이 훨씬 더 많습니다. 불필요한 감정 소모만 하고 집안 분위기만 안 좋아질 뿐 실질적인 관계 개선에는 도움이 되지 않습니다. 제가 중고등학생일 때 잘하지 못했고, 후회되는 부분 중 하나이기에 이렇게 말씀드립니다. 부모님이 늘 여러분 뒤에서 든든히 지원해 주고 계시니 감사한 마음으로 부모님을 이해하려 한다면 좀 더 건강한 관계를 유지할 수 있을 것입니다.

〈 의대생이 후배들에게 하고 싶은 말 〉

부모님이 너희를 이해해 주지 못하는 것 같아 서운하고 짜증이 날 때도 있겠지만, 조금만 더 지나 대학에 진학하고 나면 부모님과 함께 지낼 시간도 거의 없게 돼. 결국 부모님의 잔소리는 너를 사랑하고 걱정하는 마음에 하는 것이라 이해하고 짜증을 줄이고 부모님과 잘 지냈으면 좋겠어.

공부는 멘탈 게임이다

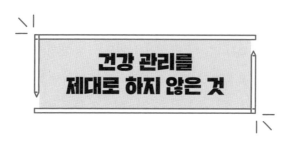

중고등 시기에는 당연히 공부가 중요합니다. 하지만 공부보다 더 중요한 것이 있습니다. 바로 '건강 관리'입니다. 중고등 시기에 공부를 열심히 하면서도 건강 관리를 제대로 하지 못해 체중이 과하게 늘거나 체력이 약해져 결과적으로 공부에 걸림돌이 되는 안 좋은 경우가 꽤 있습니다. 저 역시 건강 관리에 실패했던 사람 중 한 명입니다.

초등학교를 졸업할 때 제 몸무게는 64kg이었습니다. 그리고 6년이 지난 후 고등학교를 졸업할 때 제 몸무게는 121kg이 되었습니다. 저는 중고등 6년간 체중 관리에 실패했습니다. 사실 애초에 관리하려는 노력조차 하지 않았습니다. 공부하면서, 학교생활을 하면서 받았던 스트레스를 대부분 먹는 것으로 풀었기 때문입니다. 저에게 매주 금요일 밤은 치킨을 먹는 날이었고, 평일 중 하루는 꼭 밤에 햄버거를 먹었습니다. 야식도 자주 하고, 운동은 학교 체육 시간을 제외하면 따로 하지도 않았습니다.

당시에는 그 심각성을 몰랐습니다. 저에게는 공부가 1순위였고 전부라고 생각했기 때문에 체중이 늘어도 크게 개의치 않고 상황을 회피하고 외면하기 바빴습니다. 합리화하기도 쉬웠습니다. 먹는 것으로 스트레스를 풀고 운동하지 않는 행동은 모두 의대에 가기 위해 공부해야 했기 때문이라고 정당화하면 끝이었습니다. 의대에 들어온 후 돌아보니 그런 제 모습이 너무나도 싫었고, 그때의 제 생활을 후회하게 되었습니다.

당시의 제 논리대로라면 공부하는 모든 학생은 건강하지 않아야 할 겁니다. 하지만 실제 그렇지는 않습니다. 많은 학생이 공부 중간중간 운동도 하고, 먹는 것 대신 다른 다양한 스트레스 해소 방법을 활용하며 공부합니다. 건강을 잘 관리하면서도 충분히 공부할 수 있습니다.

만약 제가 다시 중고등 시기로 돌아가게 된다면, 매일 스트레칭을 꾸준히 실천하고 평상시에 산책하거나 가벼운 유산소 운동을 꼭 할 것입니다. 그리고 먹는 것이 아닌 좀 더 건강한 방식의 스트레소 해소법을 찾을 것입니다. 예를 들어, 배드민턴이나 탁구 등 가벼운 운동을 하면서 풀거나 아니면 영화를 보거나 가볍게 밤 산책을 하면서 푸는 방법도 있습니다.

먹는 것으로 스트레스를 푼 탓에 찐 살을 빼느라 대학 진학 후 저는 또 다른 노력을 해야 했습니다. 제가 고3 때부터 시작되었던 코로나19가 대학교 1학년 때도 이어지면서, 대학 수업이 1년 6개월간 비대면 위주로 진행되었습니다. 다행히 시간적 여유가 많아져 그 기간에 건강을 찾기 위한 다이어트를 시작했습니다. 밤 8시 이후로는 야식을 먹지 않고, 하루 3~4시간 운동하며 80kg까지 감량에 성공했습니다. 정말 힘든 기간이었고, 중고등 시기에 체중 관리를 하지 않은 것에 대한 후회 또한 정말 컸습니다. 그러니 여러분은 아무리 해야할 공부가 많고 학교생활이 바쁘더라도 꼭 건강을 관리하며 생활하길 바랍니다.

〈 의대생이 후배들에게 하고 싶은 말 〉

얘들아, 요즘 다들 학교생활 하랴, 공부하랴 바쁘지? 충분히 이해해. 하지만 이 시기에 받는 스트레스를 먹는 것으로 풀면 나중에 후회할 수 있어. 그러니 자신만의 스트레스 해소법을 찾으면 좋겠고, 가벼운 운동이라도 꾸준히 하면서 체중 관리를 꼭 해 보자!

'비교'를
부정적으로 바라본 것

중고등학교 다니며 제가 정말 자주 들었던 조언 중 하나는 '남들과 비교할 필요 없어. 너 자신에 집중해.'라는 말입니다. 이 말은 제가 싫어했던 말 중 하나이기도 했습니다. 타인과 비교하는 대신 나 자신과 싸워야 성장할 할 수 있다는 말은 사실 흔히 들을 수 있는 조언입니다. 하지만 현실은 그렇지 않습니다.

학교에서 시험을 보면 늘 성적과 등급이 나옵니다. 시험은 결코 혼자만의 싸움이 아닙니다. 성적표에 등급이 나오는 상대평가의 특성상 서로 비교하는 것은 어쩔 수 없는 것이기도 합니다. 아무리 전보다 좋은 성적을 받았다고 해도, 다른 친구들보다 더 좋은 점수를 받아야 하는 것이 현실입니다. 수행평가 역시 다른 친구들과의 경쟁입니다. 결국 중고등학교 생활을 하다 보면 우리는 자연스럽게 남과 우리를 비교할 수밖에 없습니다.

저 역시 마찬가지였습니다. 다른 친구들은 어떤 문제집으로 공부하는지, 어떤 학원에 다니고, 어디까지 공부했는지 궁금했습니다. 정말 어른들의 조언처럼 자신에게만 오로지 집중하려고도 해 보았지만 말처럼 쉬운 것이 아니었습니다. 내신이든 모의고사든 시험만 보고 나면 제 노력은 모두 물거품이 되고 말았습니다. 시험을 본 뒤에는 늘 '성적표'가 나오고, 성적과 등수가 찍혀 있는 성적표를 보는 순간 자연스레 또 다시 비교하게 되었기 때문입니다.

중고등 시기에는 이런 제 모습이 싫을 때도 많았습니다. 나도 그냥 오로지 나에게만 집중하고 싶고, 나만의 속도에 맞게 공부하고 싶은데, 주변 친구들이 나보다 성적이 좋고 공부 진도가 빠르면 왠지 신경이 쓰였습니다. 고3이 되고 나서부터는 입시 커뮤니티에서 다른 학생들의 수능 공부 진도를 보며 계속해서 나와 비교한 적도 많았습니다. 나에게만 오로지 집중하고 싶은데 그게 잘 안되는 것 같아 아쉬움이 있었습니다.

고등학교 졸업 후 의대에 들어와 보니 다른 친구들과 비교하게 되는 상황이 더 많아졌습니다. 특히 의대는 각 고등학교에서 정말 공부를 잘했던 학생들이 모인 곳이어서 저보다 뛰어난 학생들이 많았습니다. 의대 공부를 하면서 점점 더 저 자신을 타인과 비교할 상황

199

이 많아질 것만 같았습니다. 한참 고민하다가 저는 아예 '비교'에 대해 새로운 관점으로 접근하기로 결심했습니다. 비교를 긍정적으로 받아들이기로 한 것입니다. 그 근거는 두 가지였습니다.

우선 비교에도 긍정적인 측면이 있음을 수긍했습니다. 타인과의 비교를 통해 좌절감을 느끼고 공부의 원동력을 잃는다면 비교가 부정적인 역할을 하는 것이지만, 저는 이를 반대로 활용했습니다. 다른 의대 동기들이 나와 다른 방식으로 공부하고 있다면 그걸 반영해서 제 공부 방식을 바꿔보기도 했고, 만약 다른 친구들이 나와 비슷한 방식으로 공부하고 있다면 내 공부 방식이 옳다는 확신을 가지는 기회로 삼았습니다. 특히 의대 내신 시험에서는 공부할 내용이 많아 놓치는 부분이 생길 때가 있는데, 그럴 때 저는 다른 친구들이 공부하는 내용을 참고하여 놓친 것이 없는지 확인하고 있을 경우 추가해 넣으며 발전해 나갔습니다. 비교를 통해 공부 방식을 보완해 나갔고, 공부 방향 설정을 할 때도 내내 도움을 받았습니다.

비교는 또한 공부의 원동력이 되어주기도 했습니다. 저보다 앞서 가고 있는 친구를 보면, 아무리 공부가 힘들고 포기하고 싶어도 다시 일어나 그 친구를 따라잡을 목표로 열심히 하게 되었습니다. 그저 혼자만의 싸움이라고 생각한다면 어려웠을 겁니다.

한 가지 더 이야기하자면, 예전의 나와 지금의 나를 비교하는 것만으로는 적절한 비교가 되지 않을 때도 있습니다. 시험의 난이도는 매번 달라지는데 시험 난도가 높아 성적이 잘 나오지 않은 것을 두고 객관적인 기준 없이 그저 예전에 나와 비교해 성적이 낮게 나왔다는 이유로 좌절할 수도 있는 겁니다. 이때 전체 등수나 등급을 통해 보면 자신의 객관적인 위치를 파악할 수 있게 됩니다.

비교를 긍정적인 측면으로도 충분히 바라볼 수 있습니다. 이 점을 인정하고, 여러분은 이를 공부 동기의 원동력으로 활용할 수 있기를 바랍니다.

〈 의대생이 후배들에게 하고 싶은 말 〉

학교생활을 하고 공부하다 보면 자꾸 자신을 다른 친구들과 비교하는 경우가 생길 거야. 나도 중고등 시기에 그랬거든. 그런데 비교 자체를 너무 부정적으로 생각하지 않으면 좋겠어. 네가 다른 친구들과 너 자신을 비교하는 건 어쩌면 자연스러운 과정이고, 오히려 긍정적으로 활용하면 학교생활에도 도움이 될 거야.

중고등학교 6년간 주말과 방학 때에도 저는 제대로 된 휴식을 취해 본 적이 거의 없었습니다. 누가 시켜서 그런 것이 아니라, 종일 공부 하지 않으면 저 스스로 불안함을 느꼈기 때문입니다. '오늘 하루 공 부하지 않으면 내일 해야 할 공부가 많아져서 힘들 텐데…. 그냥 오 늘도 쉬지 말고 하자'라는 생각이 많았던 시기였습니다.

시험이 끝난 주말에는 푹 쉴 수도 있었을 텐데, 저는 학원 숙제를 하고 그다음 시험을 미리 준비하는 데 시간을 쏟을 정도로 휴식을 모 르고 지냈습니다. 방학 때도 학교에서 하는 방학 중 프로그램이나 학 원에서 진행하는 특강을 듣는 경우가 많아 늘 바쁜 상태였습니다.

어쩌면 저는 제대로 휴식하는 법을 몰랐을지도 모릅니다. 의대에

202

진학한 이후에도 시험이 끝난 주에는 확실히 잘 쉬어야 하는데, 영화를 보거나 맛있는 걸 먹거나 친구들을 만나도 뭔가 제대로 쉬지 못한 기분이 자꾸만 들었습니다. 100% 통하는 나만의 휴식 방법이 있다면 좋을 텐데 그걸 중고등 시기에 만들어 놓지 못한 것 같아 후회되었습니다.

중고등 생활을 바쁘게만 보내면 휴식을 취할 수 있는 시간이 점점 줄어듭니다. 특히 고등학교 3학년이 되면, 내신 공부와 모의고사 공부를 병행해야 하기 때문에 내신 시험이 끝나도 잠깐의 휴식 후 바로 다시 모의고사 공부에 집중해야 합니다. 이때 짧고 한정적인 휴식 시간에 확실히 쉴 줄 아는 것이 중요합니다.

공부를 좀 더 해보려는 욕심에 그러지 못한 것이 무척이나 후회됩니다. 여러분은 고등학생이 되기 전에 평소 규칙적인 휴식 시간을 갖는 연습을 하고, 휴식을 습관으로 만들어 두길 바랍니다.

〈 의대생이 후배들에게 하고 싶은 말 〉

나는 제대로 휴식을 취하는 법을 몰랐어. 공부하지 않으면 불안했거든. 하지만 학년이 점점 올라갈수록 해야 할 공부는 많아지고, 의식적으로 휴식 시간을 가지려는 노력을 하지 않으면 계속 공부만 하면서 번아웃이 올 수도 있어. 그러니 너는 고등학생이 되기 전에 규칙적인 휴식 시간을 가지는 습관을 꼭 만들어두길 바랄게.

203

내 주변의 소중함에 대해 몰랐던 것

중학교에 입학한 후 고등학생이 될 때까지 저는 앞만 보고 열심히 달리는 학생이었습니다. 물론 다양한 학교생활과 활동도 했지만, 공부를 1순위에 두고 목표를 향해 달리느라 늘 바빴던 기억이 있습니다. 그러다가 고등학교 1학년 기말고사가 끝난 때쯤 할아버지가 돌아가시면서 그동안 너무 앞만 보고 달려왔던 건 아닌지 저 자신을 되돌아보게 되었습니다.

물론 공부 때문에 바빴습니다. 특히나 고등학교에 올라가면서부터는 더 바빠지다 보니 주변에 신경을 쓸 시간이 거의 없기도 했습니다. 하지만 할아버지가 살아 계실 때 좀 더 찾아 뵙고, 할아버지가 좀 더 건강하실 때 더 많은 대화를 나누었더라면 좋았을 텐데 하는 아쉬움과 후회가 깊이 남았습니다.

할아버지의 장례식장에 있으면서, 저는 할아버지와의 기억을 떠올려 보았습니다. 할아버지가 그동안 어떤 삶을 살아왔고, 어떤 신념과 가치관을 갖고 계셨는지 할아버지에 대해 아는 게 너무 없다는 생각이 들었습니다. 물론 명절마다 할아버지를 찾아 뵙고 인사를 드렸지만, 말씀이 많지 않으셨던 할아버지에게 먼저 다가가 이야기 나누지 못했다는 후회와 할아버지와 깊이 있는 대화를 나눠 본 기억이 많지 않다는 점이 마음에 걸렸습니다. 그러면서 돌아가신 할아버지께 그동안 너무 무심했다는 걸 깨닫게 되었고, 그 이후부터는 정말 내 주변의 사람들, 내 주위에 있는 것들에 좀 더 관심을 가져야겠다고 다짐하게 되었습니다.

당시 '죽음'이라는 단어가 제 마음속 구석에 깊이 자리 잡기도 했습니다. 죽게 되면 아무것도 남지 않습니다. 죽음 앞에서는 전교 1등이든, 대학 입시 성공이든, 아무런 의미가 없습니다. 그렇기에 하루하루 내게 주어진 것에 대해 감사할 줄 알아야 한다고 생각하게 되었습니다. 이렇게 좋은 환경에서 편안하게 공부하는 건 정말 행복한 일이라고 생각하게 되었습니다. 그러면서 일부러라도 현재 제 상황에서 감사한 것들을 찾으려 노력했습니다. 주변 사람들에게도, 나 자신에게도 좀 더 잘하자고 마음먹고, 매 순간을 소중히 여기고 기억하기로 다짐했습니다.

이때가 어쩌면 제 인생의 터닝 포인트 중 하나였을지도 모릅니다. 이날 이후로 저는 세상을 좀 더 긍정적으로 바라보고, 사소한 것에도 감사하는 마음을 가지게 되었습니다.

〈 의대생이 후배들에게 하고 싶은 말 〉

공부도 중요하지만, 세상을 긍정적으로 바라보고 사소한 것에도 감사할 줄 아는 자세가 중요하다고 생각해. 나는 할아버지가 돌아가신 후에야 그걸 깨닫게 되었지만, 너희는 중고등 시기 내내 꼭 그 사실을 잊지 말고 기억하면 좋겠어.

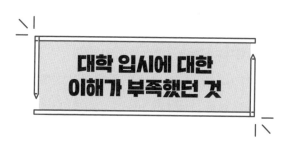

고3이 되기 전까지 저는 대입에 관한 정보에 무지했습니다. 당장 눈 앞에 있는 시험 공부와 학교생활을 하기에도 바빴기 때문입니다. 고3이 되면 어차피 알아봐야 하니 굳이 미리 할 필요 없다는 생각에 계속 미뤄두었다가 막상 3학년이 된 후에 대입 전형에 관한 정보를 탐색하느라 꽤 많은 시간을 들여야 했습니다.

어느 대학, 어느 학과에 지원할지에 대한 최종 결정은 제가 직접 해야 하는 것이었습니다. 대학 전형에 대해 더 많이 알면 알수록 다양한 선택지를 만들 수 있기에 좀 더 깊은 탐색이 필요했습니다. 그저 누군가 좋다고 추천하는 곳으로만 원서를 지원한다면 나중에 더좋은 전형을 알게 되었을 때 후회가 남을 것 같다는 생각이 들어 더 열심히 알아보았습니다.

그 과정에서 《수박먹고 대학간다: 기본편/실전편》(박권우 저) 등 대입 정보를 담은 책도 읽어 보고 교육 관련 블로그나 유튜브 채널도 찾아보며, 학교별로 어떤 인재를 원하고, 어떤 전형이 있는지 알아보았습니다. 그런데 그게 생각보다 시간이 걸리는 일이었습니다. 대학 원서 접수 기간이 가까워졌을 때는 대학 입시 전형을 찾아보느라 공부를 거의 하지 못할 정도였습니다. 물론 그렇게 열심히 대학 입시 전형을 공부한 덕분에 중앙대학교 다빈치형인재 전형(현재는 CAU융합형인재 전형)을 알게 되어 합격할 수 있었습니다만, 고3이 되기 전 좀 더 여유 있을 때 미리 대학 입시 전형에 대해 조금씩 정보를 알아두었더라면 어땠을까 하는 아쉬움이 들었습니다.

여러분은 늦어도 고2 겨울방학 때부터는 미리 틈틈이 입시에 관한 정보와 자료들을 찾아보며 준비하기를 권합니다.

〈 의대생이 후배들에게 하고 싶은 말 〉

나는 고3 때부터 대학 입시 전형에 관한 정보를 본격적으로 알아보기 시작했어. 그러느라 수능 공부할 시간을 방해받았지. 고3이 되기 전, 늦어도 고2 겨울방학 때부터 대학 입시 전형을 조금씩 공부해 둔다면 고3 때 공부와 병행하기 훨씬 편할 거야.

중고등학교에 다닐 때 저는 선배의 중요성에 대해 크게 느끼지 못했습니다. 어차피 같은 학년끼리 공부하며 경쟁하는 것이고, 만약 선배가 기출문제를 준다고 해도 그 문제가 똑같이 학교 시험에 나올지는 알 수 없기에 차라리 그 시간에 선생님이 수업 시간에 설명해 준 내용 위주로 더 열심히 공부하고, 시중에 있는 문제집을 풀어 보는 것이 더 도움이 된다고 생각했습니다. 실제로 중고등 6년을 보내면서 특별히 선배들의 도움을 받지 않고서도 좋은 성적을 유지했고, 대학 입시에서도 원하는 대학에 진학했기에 선배들과 꼭 가까이 지내야 한다는 생각을 따로 하지는 않았습니다. 하지만 의대에 와서 선배들과 가까이 지내며 선배라는 존재의 중요성을 새삼 깨닫게 되었습니다.

선배들과 가까이 지내며 느낀 좋은 점으로 첫 번째는 기출문제 자료를 선배들에게 받을 수 있다는 점입니다. 기출문제 자료는 공부의 방향성을 잡는 데에 큰 도움을 줍니다. 문제가 똑같이 다시 출제되지는 않더라도, 각 과목의 선생님이 주로 어떤 부분에서 문제를 출제하는지 아는 것만으로도 공부하는 데 있어서 도움이 됩니다.

이는 중고등 시기도 마찬가지입니다. 모의고사와 수능은 시중에 기출문제집을 쉽게 구할 수 있지만 내신 시험은 학교마다 시험 경향이 다른 만큼, 작년 시험 문제가 어땠는지 알 방법은 위 학년 선배의 시험지를 보는 수밖에 없습니다. 그렇기에 이미 1년 먼저 같은 시험을 경험해 본 선배의 시험지를 참고할 수 있다면, 내신 공부 방향을 잡는 데에도 도움을 받을 수 있을 것입니다.

선배들과 가까이 지낼 때의 두 번째 장점은 아직 자신이 가보지 않은 길에 대한 두려움과 불안함을 덜 수 있다는 것입니다. 의대 생활을 하며 만약 선배들이 없었더라면, 학년이 올라갈수록 어려워지는 공부를 마주하며 과연 내가 잘 해낼 수 있을지에 대한 두려움과 불안함이 컸을 것입니다. 하지만 내가 가야 할 길을 1~2년 앞서 걸어본 선배들이 이야기를 듣다 보면, 시기별로 어떤 부분이 힘들고, 어떤 부분을 조심해야 하는지를 알 수 있게 됩니다. 선배들이 어떤 방식으로 어려움을 헤쳐 나갔는지 경험에서 나온 생생한 이야기를 들려 줍니다. 이렇게 선배들로부터 학교생활과 공부에 도움이 되는 노하우를 전해 들으며 두려움, 불안함을 덜어낼 수 있었습니다.

중고등 6년도 마찬가지입니다. 시험도, 수행평가도, 학교생활도 걱정되는 부분이 많을 수 있습니다. 이를 1~2년 앞서 경험해 본 선배의 이야기를 듣는 것만으로도 흔들리지 않고 중심을 잡는 데 도움을 받을 수 있습니다.

의대 생활을 하며 저는 제 중고등 시절을 돌아보게 되었습니다. 만약 중고등학생 때 선배들과 가까이 친하게 지냈다면 훨씬 더 수월하게 학교생활을 할 수 있었을 거라는 생각이 들었습니다. 공부의 방향성을 더욱 확실히 잡으면서 효율적인 공부를 할 수 있었을 것이고, 학년이 올라갈 때마다, 그리고 대학 입시를 앞두고 불안할 때 멘탈을 좀 더 단단히 하고 시행착오 없이 준비할 수 있었을 것입니다. 그러지 못했던 것이 아직까지 아쉬움으로 남습니다.

〈 의대생이 후배들에게 하고 싶은 말 〉

나는 중고등 시기에 선배들과 친하게 지내지 않았지만, 선배들과 가까이 지내며 좋은 관계를 맺게 된다면 분명 공부와 학교생활에도 큰 도움이 될 거야.

211

공부할 때 전자기기를 적절히 사용하지 않은 것

중고등 6년 내내 저는 늘 종이책과 펜으로만 공부를 해왔습니다. 그게 익숙했고, 누구나 다 그렇게만 공부하는 줄로만 알았습니다. 하지만 의대에 진학해 보니 전혀 다른 세상이 펼쳐졌습니다. 우선 강의 자료를 태블릿 PC에 다운로드받고, 태블릿에 필기하며 수업을 들었습니다. 수업 내용을 복습할 때도 태블릿이나 노트북을 활용해서 요약 정리했습니다. 대학에 와서 처음으로 이렇게 태블릿과 노트북을 활용해 공부했는데, 그저 손으로 필기하고 요약하는 것보다 시간도 더 절약하고 좀 더 가독성 있게 정리할 수 있다는 장점을 깨닫게 되었습니다.

특히 제가 중고등학생 때 요약 노트를 만들고 싶었지만 만들지 못했던 이유는 손으로 하나하나 노트에 쓰다 보면 시간이 너무 오래 걸리고 비효율적이라는 생각이 들었기 때문입니다. 요약 노트 쓰기를 몇 번 시도했지만 그래서 자꾸 포기하게 되었지요. 만약 태블릿이나 노트북을 활용했더라면 아마도 더 빠르고 효율적으로 정리할 수 있었을 겁니다.

중고등 시기에는 물론 교과서로 수업을 하게 되니 태블릿으로 필기까지 하기는 현실적으로 어려움이 있을 겁니다. 하지만 수업 복습을 할 때 노트북이나 태블릿을 활용하여 요약 정리한다면 좀 더 효율적으로 공부할 수 있을 것입니다. 전자기기를 활용해 요약 정리 및 복습을 해보는 것도 도움이 될 수 있으니 한번 시도해 보시길 바랍니다.

〈 의대생이 후배들에게 하고 싶은 말 〉

나는 중고등 6년 내내 종이책과 펜으로 공부했지만, 대학에 와서 태블릿과 노트북으로 수업을 복습하고 요약 정리를 해 보니 시간도 절약되고 훨씬 더 효율적이라고 느꼈어. 그러니 혹시 요약 노트를 정리하고 싶다면 전자기기를 사용해 좀 더 편리하고 효율적으로 활용해 보아도 좋겠어.

부모님 차로 통학하며
걷는 습관을 들이지 않은 것

제가 다니던 중학교, 고등학교는 집에서 걸어서 15~20분 정도 되는 거리에 있었습니다. 이 정도는 아침에 조금만 일찍 일어나면 충분히 걸어 다니거나 자전거를 타고 다닐 수 있는 거리였죠. 하지만 저는 조금이라도 더 자고 싶은 생각에 부모님 차를 타고 통학했고, 그 기간은 기숙사에서 지낸 2년을 제외하고 중고등 시기 내내 이어졌습니다. 물론 그 당시에는 잠을 좀 더 잘 수 있고, 편하게 통학할 수 있어 만족스러웠습니다. 하지만 대학에 진학한 후로 다시 이 시기를 돌아보니 일주일 내내는 아니더라도 매주 2~3회씩만이라도 걸어서 통학했으면 어땠을까 생각하게 되었습니다.

먼저 아들의 통학에 오랜 기간 부모님이 수고해 주신 것에 고마

우면서 동시에 죄송한 마음이 있습니다. 이와 함께 나의 생활을 돌아볼 때도 아쉬운 마음이 듭니다. 평상시 따로 시간을 내어 운동하기 어려우니 통학할 때 걷기만 해도 운동이 되었을 것입니다. 또한 맑은 공기를 마시며 아침을 시작하면 잠을 깨는 데도 도움이 되었을 것입니다.

물론 부모님 차를 이용하면, 차 안에서 영어 단어를 외우거나 잠깐이라도 더 잠을 자면서 체력을 보충할 수도 있습니다. 어쨌거나 일주일 내내 부모님 차를 타기보다는 때로 걸어 다니기도 하면서 운동을 했더라면 좀 더 좋았을 거라는 후회가 남습니다. 입시를 위해 중요한 시기라 하더라도 스스로 할 수 있는 일은 스스로 하는 것이 좋겠습니다.

〈 의대생이 후배들에게 하고 싶은 말 〉

나는 중고등 시기에 부모님 차를 타고 통학했어. 하지만 불가피한 경우가 아니라면 일주일에 2~3번은 걸어 다니거나 대중교통을 이용하면서 걷는 시간을 늘려보면 어떨까. 따로 시간을 내서 운동하기 어려우니 건강 관리 측면에서도 도움이 될 것 같아.

215

· Level 7 ·

| 고등 최상위권 도약 |

최상위권을
목표로 한다면
알아둬야 할
필수 조건

CASE 7

고등학교에 올라가 최상위권이 되고 싶은
예비 고1 건주

건주 : 안녕하세요, 멘토님. 저는 의대 진학을 목표로 고등 3년을 열심히 공부해 보려는 예비 고1입니다. 제 목표는 최상위권인데, 고등학교 내신 시험은 막연하게 느껴져서 어떻게 하면 최상위권이 될 수 있을지 모르겠더라고요. 그래서 상담을 신청하게 되었습니다!

민찬 멘토 : 의대를 목표로 공부하고 있구나! 최상위권이 되기 위해서는 여러 조건이 있겠지만, 나는 무엇보다 '꾸준한 복습'이 중요하다고 생각해.

219

Level 7. 최상위권을 목표로 한다면 알아둬야 할 필수 조건

건주 : 복습이요? 복습이 중요하다는 건 누구나 알죠!

민찬 멘토 : 맞아. 네 말처럼 복습이 중요하다는 건 누구나 알지만, 실제로 학생들을 상담해 보면 복습을 꾸준히 하지 못하는 학생들이 많더라고.

건주 : 아, 정말요? 근데 저도 생각해 보면 복습을 하긴 하는데 꾸준히 한 적은 없던 것 같아요. 왜 그럴까요?

민찬 멘토 : 복습이라는 건 이미 한 번 공부한 내용을 다시 보는 거잖아. 근데 특히 고등 시기에는 새로 공부해야 할 내용이 워낙 많다 보니 복습이 후순위로 밀리기 쉬워. 그러다 보니 대부분 복습을 꾸준히 하지 않게 되지. 바꿔 말하면, 복습만 꾸준히 해도 다른 친구들보다 앞서 나갈 수 있다는 얘기야.

건주 : 아, 그렇군요! 그러면 어떻게 해야 복습을 꾸준히 할 수 있을까요?

공부는 멘탈 게임이다

민찬 멘토 : 나도 이 부분에 대해서 고민을 많이 했어. 내가 중학교 3학년 때 시작해서 고등 3년, 그리고 의대에 다니는 지금까지도 꾸준히 하고 있는 것이 있는데, 바로 '복습의 날'이라는 습관이야. 아무리 마음이 급하고 해야 할 공부가 많아도 '매주 일요일 아침'에는 과목별로 20~30분씩 투자해 지난 일주일 동안 배운 내용 중 개념은 암기하고, 틀린 문제는 다시 풀어 보면서 복습에만 집중하는 시간을 보내는 거지. 이렇게 '복습의 날'이라는 습관을 확실히 만들어 두니까 어떠한 상황에서도 매주 일요일 아침에 일주일 단위로 꾸준히 복습할 수 있게 되었어. 이런 습관이 고등 3년 내내 좋은 성적을 유지하는 데에도 큰 도움을 줬어. 그러니 꾸준히 복습하는 습관을 만들어 보렴!

건주 : 네, 멘토님. 저도 이렇게 습관을 만들고 꾸준히 복습해서 최상위권에 도전해 보겠습니다. 감사합니다!

Level 7. 최상위권을 목표로 한다면 알아둬야 할 필수 조건

내신
최상위권
도약을 위한
여섯 가지 조건

시험만큼 중요한 수행평가 준비하기

흔히 '내신 성적'이라고 하면 많은 학생이 중간고사, 기말고사 성적으로만 한정하여 생각하는 경우가 많습니다. 하지만 중간고사, 기말고사 성적만큼 '수행평가'도 정말 중요합니다. 실제로 중고등 시기 내신 평가 비율을 확인해 보면, 중간고사와 기말고사 성적이 50~60%이고, 그리고 나머지 40~50%는 수행평가 성적이 반영되는 경우가 많습니다. 이렇듯 수행평가는 시험 성적과 거의 비슷할 정도로 중요합니다. 시험공부만큼 수행평가도 신경 써서 챙겨야 한다는 이야기입니다.

또한 2025년 고1부터는 고교학점제가 본격적으로 시작되고, 내신도 9등급제가 아닌 5등급제로 바뀝니다. 5등급제로 바뀐다는 이야기는 내신에서 다른 친구들과 차별화를 두기 어려워지는 만큼 수행평가를 비롯한 학교 활동을 통한 생활기록부 관리가 중요해진다는 의미입니다. 이러한 측면에서도 수행평가는 앞으로 더욱 중요해질 것입니다.

제가 중고등학생들을 상담할 때 자주 듣는 학생들의 고민 중 하나가 '수행평가에 투자하는 시간이 아깝다'는 이야기입니다. 수행평가를 준비할 시간에 시험 공부를 하는 것이 낫다고 판단하는 것인데, 이러한 생각은 결국 수행평가의 중요성을 제대로 인식하지 못한 것입니다. 이제부터는 수행평가 준비를 시험공부와 똑같이 중요하다고 생각해야 합니다. 수행평가 준비 시간을 아깝게 생각하기보다 시험공부를 하듯 더욱 집중하면서 진지하게 임해야 합니다.

수행평가의 종류는 다양합니다. 보고서 작성, 토론 및 발표, 수업 태도 등 학교마다, 과목마다 다른 형태의 수행평가가 진행됩니다. 이 중에 몇 가지를 말씀드리겠습니다. 일단 보고서, 토론, 발표 과정에서는 어떤 과목이든 책이 활용되는 경우가 많습니다. 여러분의 의견에 근거 자료로 책을 활용하거나, 책 내용을 바탕으로 발표 자료를 제작하고 보고서를 쓰는 경우도 많지요. 그렇기에 과목별로 중요한 책들은 좀 더 시간 여유가 있는 중등 시기에 충분히 읽어두는 것이 좋습니다.

중등뿐만 아니라 고등 때도 수행평가는 중요한 만큼, 중등 3년간 과목별로 중요 도서에 대한 지식을 미리 쌓아두는 것도 수행평가에 도움이 될 것입니다. 만약 본인이 글쓰기나 토론 능력이 부족하다고 생각한다면, 차라리 중등 때 논술이나 독서토론 학원에 다니며 전문적으로 글쓰기, 말하기 훈련을 통해 수행평가를 미리 대비해 두는 것도 하나의 방법이 될 수 있습니다.

다음으로는 '수업 태도'입니다. 공부를 잘한다고 해서 수업 태도에 좋은 점수를 받는 것은 아닙니다. 실제로 제가 고등학교 1학년 때의 일입니다. 영어 과목에서 7등까지 1등급을 받을 수 있었는데, 한 친구와 제가 중간고사, 기말고사 점수가 똑같았습니다. 하지만 그 친구는 평소 수업에 적극적이지 않고 발표도 열심히 하지 않는 학생이어서 수행평가에서 수업 태도 점수가 다소 낮았습니다. 이에 반해 저는 수업 태도 점수 100점을 받았습니다. 결과적으로 그 친구는 8등이 되어 2등급을 받고, 제가 영어 과목에서 7등이 되면서 1등급을 받을 수 있었습니다. 이렇듯 수업 태도 하나로 등급이 바뀔 정도로 수행평가가 중요합니다.

이러한 수업 태도를 위해서 저는 늘 수업 시간에 집중해서 수업을 들었습니다. 그리고 선생님과 눈이 마주치면 자연스럽게 고개를 끄덕이며 '선생님 설명 잘 듣고 있어요!'라는 모습을 전하고자 했습니다. 발표할 기회가 있으면 적극적으로 발표하기도 하고, 선생님이 설명한 내용 중 헷갈리거나 어려웠던 내용은 수업이 끝난 후 직접 선생님께 찾아가 물어보기도 하며 해당 과목에 대한 저의 관심과 열정을 어필하기도 했습니다. 이렇듯 사소해 보이는 행동이지만, 저는 이런 기본적인 태도를 지키며 수업에 참여하고자 노력했습니다. 그 결과 수업 태도에 있어서 좋은 평가를 받고, 이는 내신 성적에도 반영되어 등급까지 바꾸는 결과로 이어지게 되었습니다.

수행평가, 별거 아닌 것처럼 보일 지라도 현 입시 제도에서는 중간고사, 기말고사 성적만큼 중요한 역할을 하고 있습니다. 그러니 수행평가도 소홀히 하지 말고, 제가 말씀드린 것들을 참고하여 탄탄히 준비하길 바랍니다.

과목별 공부 시간을
잘 분배하기

의대 공부는 중고등학교 내신 공부보다 훨씬 더 치열합니다. 의대 내신 시험은 중간고사, 기말고사를 보지 않는 대신 한 과목을 1~2주 동안 배운 뒤에 바로 그 과목에 대한 시험을 보는 방식으로 이루어집니다. 2주라는 시간 동안 오직 한 과목만 집중하면 되기에 이 과목에 대한 학생들의 이해도와 완성도가 높아지고, 그만큼 경쟁이 치열해지기도 합니다.

중고등 내신 시험은 이와 다릅니다. 만약 학교 선생님이 "이번 중간고사는 수학 과목만 보겠습니다!"라고 이야기한다면 무슨 일이 벌어질까요? 수학 100점을 받는 학생들이 훨씬 많아질 것입니다. 시험 공부 기간에 학생들이 다른 과목은 신경 쓸 필요 없이 수학 공부에만

100%의 에너지를 쏟을 수 있게 되기 때문입니다. 하지만 현실에서 시험은 여러 과목을 동시에 준비해야 합니다. 수학 실력이 약하다고 해서 수학 공부만 열심히 하게 되면, 수학 성적은 오르더라도 국어, 영어 성적은 떨어질 수밖에 없습니다. 내신에서 좋은 성적을 받기 위해서는 한 과목만이 아닌, 모든 과목에서 좋은 성적을 받는 것이 중요합니다. 그러니 내신 최상위권 도약을 위해서는 현재 본인의 상황에 맞게 과목별로 공부 시간 분배를 잘하는 것이 중요합니다.

특정 과목에만 치우치지 않는 공부를 하기 위해서는 '플래너 작성'이 중요합니다. 플래너 작성을 통해서 본인이 각 과목에 대해 얼마만큼 공부하고 있는지를 파악하고, 자신에게 맞는 과목별 공부 시간을 찾아나가는 것이 중요하기 때문입니다.

중고등 시기에는 학원을 제외하면 보통 평일에는 3시간, 주말에는 8~10시간 정도 공부할 수 있는 시간이 확보됩니다. 그래서 보통 학생들에게 조언할 때는 평일에는 3시간을 기준으로 수학 1시간, 국어 40분, 영어 40분, 사회/과학 40분으로 나누어 공부하고, 주말에는 8시간을 기준으로 수학 3시간, 국어 1시간 30분, 영어 1시간 30분, 사회/과학 2시간, 기타 과목 1시간으로 나누어 공부하길 권합니다. 하지만 이는 어디까지나 개인적인 조언입니다. 본인이 약한 과목과 자신 있는 과목이 있을 테니, 플래너를 작성하면서 어떤 날은 수학에 더 많은 시간을 써 보고, 어떤 날은 국어에 더 많은 시간을 써

보는 등 다양한 시간대를 시도하면서 본인의 현재 상태에 맞는 과목별 시간 분배 방법을 찾으면 됩니다.

　공부 플래너를 쓰며 활용할 수 있는 한 가지 팁을 드리겠습니다. 바로 하나의 과제를 3~4개로 세분화해서 작성하는 것입니다. 만약 수학 숙제가 유형1부터 유형9까지 총 9개의 유형이라고 가정해 보겠습니다. 플래너에 그냥 '수학 숙제하기'라고만 써 두면, 총 9개의 유형을 다 해야만 이 과제를 다 했다고 체크 표시를 할 수 있습니다. 그래서 저는 하나의 과제를 '유형 1~3 풀기', '유형 4~6 풀기', '유형 7~9 풀기' 이런 식으로 3~4개의 과제로 나누어 플래너에 적습니다. 이렇게 적어 두면 하나의 과제를 끝내는 데 분량에 대한 부담감을 줄일 수 있습니다. 그만큼 공부를 효율적으로 진행할 수 있으니 참고하시길 바랍니다.

03 시험 실전 연습, 실제처럼 반복하기

평상시에는 문제를 잘 풀다가도, 실제 시험만 보면 성적이 안 나오는 학생들이 많습니다. 이 학생들의 문제점은 '실전 연습'이 부족하다는 것입니다. 평상시에 문제를 풀 때는 배고프면 밥 먹으러 가고, 화장실에도 가고 싶으면 언제든 가고, 피곤하면 잠깐 쉬다가 하는 등 편안한 상태로 문제를 풉니다. 하지만 실제 시험에서는 '시간제한'이 있다 보니 더 긴장하고, 평상시에는 안 하던 실수를 하게 되는 것입니다.

실제 시험에서 시간제한이 있다는 사실은 누구나 알고 있지만, 이걸 대비해서 연습을 진행하는 학생은 드뭅니다. 저는 내신 최상위권 도약을 위해서는 시험 일주일 전부터 과목별로 최소 3세트씩은 반복적으로 실전 연습을 하기를 권합니다. 이 때부터는 새로운 문제집을

공부는 멘탈 게임이다

시작하지 않고 복습에만 집중하면서 실전 연습을 진행합니다.

실전 연습을 할 때는 우선 '족보닷컴'이나 '내신코치' 같은 문제 은행 사이트에서 과목별로 시험 범위에 맞게 문제를 출력하고, 인터넷에서 OMR 카드를 별도로 구매합니다. 그리고 실전 연습은 가능하다면 '실제 내신 시험 시간표'에 맞춰서 해 보는 걸 추천합니다. 만약 이번 내신 시험에서 수학 시험을 1교시에 본다면, 1교시 시간인 8시 50분부터 9시 40분까지 시간에 맞추어 문제은행 사이트에서 뽑은 문제와 OMR 카드로 실전처럼 푸는 연습을 하는 것입니다. (8시 50분부터 9시 40분이라는 시간대는 꼭 아침일 필요는 없습니다. 주말에 하거나, 아니면 평일 저녁 8시 50분부터 9시 40분에 연습해 보아도 좋습니다.)

어떤 학생들은 실전 연습을 하더라도 시간대까지는 맞추지 않고 시험 시간에 해당하는 50분 내로만 푸는 연습을 하기도 합니다. 하지만 고등 내신 시험은 치열합니다. 내신 5등급제로 바뀌더라도 여전히 내신 시험은 상대평가이고, 남들과는 달라야 합니다. 정 안 되면 시간대와 상관없이 50분 내로 푸는 연습이라도 해야겠지만, 저는 가능하면 꼭 실제 시험 시간표에 맞추어 풀어 보길 권합니다.

이러한 연습을 시험 보기 전까지 최소 3세트씩 하다 보면, 시간 내로 푸는 연습과 함께 실전 감각을 확실히 끌어올릴 수 있게 됩니다. 실제 시험을 볼 때도 낯설기보다는 익숙한 느낌으로 임할 수 있게 되어 여러분의 실력을 최대로 발휘할 수 있을 것입니다.

복습이 중요하다는 이야기, 다들 들어보셨지요? 복습이 중요하다는 사실은 학생이라면 누구나 잘 알고 있습니다. 하지만 실제로 제가 중고등학생들을 상담해 보면 복습을 하긴 해도 정말 '꾸준히' 복습하는 학생들을 찾아보기는 어렵습니다. 워낙 새롭게 공부해야 할 개념이 많고, 새롭게 풀어야 할 문제들이 많다 보니 이미 한 번 공부한 내용을 다시 보는 복습은 자연스럽게 '후순위'로 밀리게 되는 경우가 정말 많았습니다. 이 말을 바꿔 생각해 보면, '꾸준한 복습'만 제대로 할 수 있어도 다른 친구들보다 앞서 나갈 수 있다는 의미가 됩니다.

저는 기본적으로 수업을 들은 직후, 그리고 매일 저녁, 또 매주 일요일 아침, 마지막으로 시험 일주일 전, 이렇게 총 네 번의 복습을 했습니다. 가장 먼저 수업이 끝나면 쉬는 시간 중 5분 정도 시간을 투자해 바로 직전 수업 때 배운 개념을 천천히 넘겨보며 복습하는 시간을 가졌습니다. 수업 내용이 가장 생생히 기억나는 시간인 만큼 쉬는 시간에는 무조건 복습하는 것으로 습관을 들였습니다. 두 번째로는 매일 저녁 그날 배운 개념에 대한 문제를 풀어 보고, 개념서를 읽으며 가볍게 복습하는 시간을 가졌습니다.

가장 신경 썼던 복습은 세 번째 복습인 '매주 일요일 아침'에 했던 복습입니다. 복습에 있어서 중요한 건 '꾸준함'인데, 해야 할 것들이 많다 보니 꾸준하게 하기가 어려웠습니다. 그래서 저는 아예 '복습의 날'을 정하고 이를 습관으로 만들었습니다. 매주 일요일 아침에는 무조건 과목별로 30~40분, 총 2~3시간 정도는 일주일 동안 배운 내용을 복습하는 것으로, 개념을 암기하고, 틀린 문제는 다시 풀어 보는 방식으로 꾸준히 실천했습니다. 이 습관은 아무리 마음이 급하고 해야 할 공부가 많아도 반드시 지키고자 했습니다.

네 번째 복습은 시험 일주일 전부터 시작되었습니다. 저는 시험 일주일 전부터는 새로운 문제집을 시작하지 않고, 실전 연습과 함께 그동안 풀었던 개념서, 문제집을 다시 보며 전반적인 복습을 진행했습니다. 이렇게 저는 총 네 번의 복습 과정을 통해 내가 배운 내용이 나의 지식으로 자리 잡도록 노력했고, 실제로 이러한 복습 과정은 성적 향상에도 큰 도움을 주었습니다.

하루 계획만이 아닌 장기적인 공부 계획 세우기

요즘은 공부 플래너를 활용하는 중고등학생들이 많습니다. 하지만 플래너를 쓰더라도 대부분이 단기적인 하루 공부 계획을 세우는 데 그칩니다. 물론 아예 계획을 세우지 않는 것보다는 하루 단위의 공부 계획이라도 세우는 것이 좋지만, 좀 더 탄탄하게 실력을 쌓고자 한다면 장기적인 공부 계획 세우기가 필요합니다.

　하루 단위의 공부 계획만 세우다 보면 그날 하루의 공부는 잘할 수 있겠지만 나중에 시험이 거의 다 다가온 시점에 확인해 보면 과목별로 빠진 공부, 부족한 공부가 있다는 걸 뒤늦게 발견하게 될 수도 있습니다. 그리고 장기적인 큰 틀의 계획이 없으면, 시험공부를 하면서도 지금 자신의 공부 방향성에 확신을 갖기 어렵고 불안해질 수도 있습니다.

이럴 때 유용한 것이 장기 공부 계획입니다. 시험 5주 전부터 시험 1주 전까지 주 단위로 어떤 공부를 할지에 대한 큰 틀의 공부 계획을 세우고 여기에 하루 공부 계획을 추가하는 식으로 계획을 짜는 겁니다. 그러면 주변 친구들이 여러분보다 더 진도가 빠르다고 해서 불안해할 이유도 없고 스스로 공부 방향성에 대한 확신을 가질 수 있게 됩니다. 예를 들어, 장기 공부 계획에 시험 3주 전부터 수학 심화 문제집을 풀 거라는 계획을 적어두었다고 가정해 봅시다. 이 상황에서는 어떤 친구가 시험 4주 전부터 심화 문제집을 푸는 걸 보아도 불안해할 필요가 없으며, 나의 공부 계획에 따라 내 속도에 맞춰 공부에 집중할 수 있게 됩니다.

그러니 앞으로는 시험 기간이 시작되기 4~5주 전부터 주 단위로 어떤 문제집을 풀지, 과목별로 어떤 공부를 할지를 담은 장기적인 공부 계획표를 먼저 만들어 두길 바랍니다.

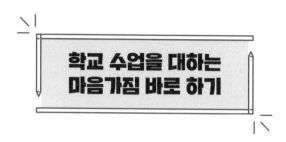

여러분은 학교 수업을 열심히 듣고 있나요? 물론 수업만 열심히 듣는다고 해서 다 좋은 성적을 받는 건 아닙니다. 하지만 최상위권 학생들 대부분은 학교 수업을 정말 열심히 듣습니다. 학교 선생님이 내신 시험 문제를 출제하는 만큼, 다른 어떤 수업보다 학교 수업을 잘 듣는 것이 너무나 중요하다는 점을 잘 알고 있는 것이죠.

학교 수업을 들을 때는 우선 꼼꼼히 필기하는 습관을 갖는 것이 좋습니다. 이미 예습, 선행을 통해 배운 내용이라고 해서 그냥 귀로듣고만 있어선 안 됩니다. 교과서에 형광펜으로 표시하고 밑줄을 긋고 따로 필기하면서 듣는 등 손으로 쓰며 체크하고, 체크한 걸 다시 눈으로 보면서 공부해야 기억에 제대로 남습니다. 어떤 공부든 한 가지

공부는 멘탈 게임이다

감가만 이용하는 것보다는 여러 감각을 이용하는 것이 공부에 효과적이기 때문입니다.

저는 혼자 공부하다가 어렵거나 헷갈리는 개념이 나오면 모아서 따로 학교 선생님께 가져가기도 했습니다. 학교 선생님이 내신 시험을 출제하는 만큼 선생님께 확실히 설명을 듣는 것이 가장 정확하기 때문입니다. 그리고 수업 시간에 발표할 기회가 있다면 적극적으로 발표하는 것이 좋습니다. 요즘에는 수행평가 차원에서 발표를 비롯한 수업 태도도 중요하게 봅니다. 이때 적극성을 보여주는 것이 유리할 것입니다.

이렇듯 학교 수업을 열심히 듣고, 모르는 것이 있다면 선생님께 물어보고, 발표에 적극적으로 참여하며 학교 수업을 긍정적인 마음으로 대하는 것 역시 최상위권 도약을 위한 기본 조건입니다.

꼭
기억해야 할
멘탈 관리법

아마도 중고등 6년 동안 여러분은 많은 시험을 보게 될 것입니다. 시험 하나하나 결과에 대해 기뻐할 수도 있고, 실망할 수도 있습니다. 때로는 다 포기하고 싶은 순간이 올지도 모릅니다. 하지만 중고등 6년 내내 저는 여러분이 꼭 '일희일비하지 않는 자세'를 가지길 바랍니다.

한 번의 시험으로 모든 것이 결정되는 것은 아닙니다. 한 번의 시험 결과가 좋았다고 해서 자만한다면, 분명 다음 시험에서는 성적이 떨어질 수밖에 없습니다. 한 번의 시험 결과가 안 좋았다고 해서 좌절하고 실망한다면, 그다음 시험에서도 발전은 없을 것입니다.

최소한 시험 성적에 있어서는 냉정해야 합니다. 감정적인 것에 휘

239

둘리지 마세요. 한 번의 시험 결과가 좋다면, 다음에도 지금처럼 좋은 성적을 내겠다는 의지를 다지며 더욱 열심히 하고, 한 번의 시험 결과가 좋지 않았다면, 철저하게 시험지를 분석하며 어떤 부분이 부족했는지, 대체 어떤 부분이 문제였고 이걸 어떻게 그다음 시험 전까지 보완할지를 치열하게 고민해야 합니다.

그래야만 중고등 6년 내내 점점 더 발전하는 여러분이 될 수 있을 것입니다. 그래야만 여러분이 목표하는 곳까지 올라설 수 있을 것입니다. 그러니 한 번의 시험 성적으로 일희일비하지 않길 바랍니다.

공부는 멘탈 게임이다

02

내가 진짜 잘 할 수 있는 것들을 놓치지 말자

중고등 6년 동안 내신과 모의고사 시험을 보면 한 번에 한 과목이 아닌, 여러 과목 시험을 보게 됩니다. 여러 과목 중에 만약 이번 시험에서 수학 시험을 가장 못 봤다면, 대부분 학생은 그다음 시험에 어떤 과목 공부를 열심히 하려고 할까요? 당연히 수학일 것입니다. 하지만 이 과정에서 많은 학생이 잘못된 방향을 택할 때도 많습니다.

이번 시험에서 수학 성적이 낮았다는 이유로, 그다음 시험공부를 할 때 나머지 과목들은 소홀히 하고 수학에만 집중하는 것입니다. 수학 성적은 조금 오를지 모르나 나머지 과목의 성적이 떨어지는 악순환이 발생하기 쉽습니다. 공부에 있어서 제가 늘 염두에 두었던 건 '내가 잘하는 것을 놓치지 말자'라는 생각이었습니다.

저는 수학, 과학보다 국어, 영어 성적이 더 좋은 학생이었습니다. 물론 이과여서 수학, 과학도 열심히 공부했지만, 국어와 영어만큼은 1등급을 놓치지 않기 위해 매 시험 좋은 성적이 나오더라도 긴장의 끈을 놓지 않고 꾸준히 공부 시간을 유지하며 나의 강점을 계속해서 지키고자 노력했습니다. 그러면서 동시에 수학, 과학 같은 경우는 하루에 잠을 30분 줄이고, 30분을 더 공부하면서 누적 공부 시간을 그전 시험보다 점점 더 늘려갔습니다.

제가 하고 싶은 말은 약점을 채우려다가 자신의 강점까지 흔들리는 공부를 해서는 안 된다는 것입니다. 자신의 강점은 계속해서 놓치지 않고 유지하면서 쉬는 시간을 줄이든, 밥 먹는 시간을 줄이든 그 외의 시간을 활용해 약점을 보완하는 데 투자하는 방향으로 가야 합니다. 그렇지 않으면 약점을 보완하려다 오히려 본인이 진짜 잘하는 것까지도 놓치는 악순환을 낳을 수 있습니다.

공부뿐만 아니라 학교생활에서도 마찬가지입니다. 사람마다 모두 성격이 다르고, 자신이 잘할 수 있는 분야도 다릅니다. 성격이 차분하고 조용한 스타일의 학생은 적극적으로 앞에 나서서 반장을 맡는 것이 어색하고 낯설 수 있습니다. 하지만 조별 활동에서 자신의 의견을 차분하게 제시하고, 발표 자료를 깔끔하게 제작하는 등 다른 분야에서는 더 잘할 수 있습니다.

이렇듯 학교생활에서도 모든 분야를 다 잘할 필요는 없습니다. 그리고 특정 분야에서 부족함이 있더라도 좌절할 필요도 없습니다. 자신이 정말 잘하는 분야에서 자신의 강점을 어필할 수 있다면 됩니다.

미국의 소설가 마크 트웨인이 이런 명언을 남겼습니다. '우리는 가지고 있는 15가지 재능으로 칭찬받으려 하기보다 가지지도 않은 한 가지 재능으로 돋보이려 안달한다.' 물론 여러분이 약한 부분이 있다면 이를 보완하는 공부도 중요합니다. 하지만 이 명언처럼 중고등 6년 동안 공부든, 학교생활이든 자신이 가지고 있는 것, 자신이 잘할 수 있는 것, 자신의 강점을 놓치지 않으면 좋겠습니다.

243

03

오늘이 내가 가장 똑똑하지 않은 날이다

시험을 준비하다 보면 불안할 때가 있습니다. 문제집을 풀며 틀린 문제가 많이 나오면, 시험을 망치는 것 아닌가 싶어 부정적인 생각이 올라오기도 합니다. 하지만 저는 시험공부 기간에는 아무리 많은 문제를 틀리더라도 절대 멘탈이 흔들리지 않았습니다. 저에게는 확실한 하나의 믿음이 있었기 때문입니다. 바로 '오늘이 내가 가장 똑똑하지 않은 날이다.'라는 믿음입니다.

오늘부터 시험 날까지 열심히 공부한다고 하면, 오늘보다는 내일, 내일보다는 모레 머릿속에 지식이 더 많아질 것입니다. 그렇다면 결국 여러분이 가장 똑똑하지 않은 날은 오늘이고, 여러분이 가장 똑똑한 날은 '시험 당일'이 됩니다. 이러한 믿음을 바탕으로, 저는 시험 준비 기간에 틀리는 걸 두려워하지 않았습니다. 이 순간이 내가 가장 똑똑하지 않은 날인 만큼 문제를 틀리는 건 어쩌면 당연한 일입니다. 또한 실제 시험 때 틀리는 것보다 미리 틀린 후 내 약점을 파악할 수 있게 된 것이 오히려 다행인 일이기도 합니다.

이러한 믿음이 있었기에 시험을 준비하는 과정에 불안함 없이 나의 상황에 맞추어 차근차근 공부해 나갈 수 있었습니다. 내가 스스로 부족한 부분이 있다면 지금 부족한 부분을 있는 그대로 인정하고 보완해 나가겠다는 자세를 가질 수 있었습니다.

여러분도 마찬가지입니다. 오늘이 여러분이 가장 똑똑하지 않은 날입니다. 여러분은 앞으로 하루하루 더욱더 똑똑한 여러분이 될 것입니다. 그 믿음을 바탕으로 공부를 포기하지 말고 끝까지 열심히 하길 바랍니다.

공부 만렙
명문대생 10인의
공부법과
멘탈 관리법

'나의 한계'에 대한 궁금함이
공부의 원동력이 되었다

• 고려대학교 수학과 이재빈 •

1. 중고등 시기에 힘들고 지쳐도 이겨내고 꾸준히 공부할 수 있었던 원동력(방법)은?

: 고등학교 입학 당시까지 저는 공부와는 거리가 좀 있는 학생이었습니다. 고등학교에 입학하고 몇 번의 시험을 치르면서도 여전히 학교생활을 만만하게 보고 열심히 하지 않다가 결과(성적)가 생각보다 좋지 않음을 느끼면서 약간의 오기가 생기기 시작했습니다. 그리고 공부를 하다 보니 조금씩 성적이 오르기 시작했고, 실력이 점점 느는 게 직접 체감이 되니 내가 어디까지 올라갈 수 있을지 나의 한계가 어디일지 궁금해서 더욱 열심히 하게 된 것 같습니다. 한 가지더, 주변 친구들이 다 같이 공부하는 분위기여서 나 혼자 뒤처지기는 싫다는 생각에 함께 모여서 공부한 것도 도움이 되었습니다. 결과적으로 스스로에 대한 궁금증과 주변 환경이 원동력이 되었습니다.

2. 고등학교에 진학하기 전, 미리 해 두면 좋을 과목별 공부는?

(1) 국어: 여러 책을 읽으며 배경지식을 많이 늘리고 풍부한 어휘

력을 갖추는 것입니다. 다양한 텍스트를 접하며 느낌으로만 아는 어휘나 표현을 정확하게 익히고, 인문, 사회, 과학 다방면으로 지식을 넓혀가는 것이 좋습니다.

(2) 수학: 선행은 무리해서 할 필요가 없다고 생각합니다. 그보다 중학교 때 배운 개념을 정확하게 알고 있는지 점검해 보는 것이 필요합니다. 또한 선행을 할 때도 무리하게 문제 풀이에 집착하지 말고 개념 위주로 공부하는 것이 고등학교에 진학해서 더 큰 도움이 됩니다.

(3) 영어: 영어로 된 문장을 자연스럽게 해석하는 연습을 많이 해 두기를 권합니다. 개인적으로 영어 공부를 어릴 때부터 하지 않아 영어 지문 해석을 가장 어려워했고, 그 때문에 힘들었던 기억이 있습니다.

3. 중고등 학교생활에 있어서 후배들에게 해 주고 싶은 조언 세 가지는?

(1) 학교생활 충실히 하기: 고등학생 때 학교에서 열리는 행사나 대회에 참여하는 등 적극적으로 활동하지 못한 것이 개인적으로 무척 아쉬웠습니다.

(2) 친구들과 특별한 경험 쌓기: 학교에 다닐 때만 할 수 있는 경험이 있습니다. 그런 경험을 많이 쌓아두면 나중에도 좋은 추억이 될 것입니다.

공부는 멘탈 게임이다

(3) 스트레스를 해소할 나만의 통로 찾기: 공부하고 학교생활을 하다 보면 스트레스가 쌓일 수 있습니다. 그럴 때마다 저는 영화를 보며 해소했는데, 각자만의 해소 방식을 찾아보길 권합니다.

4. 중고등 시기에 해서, 또는 하지 않아서 후회되었던 것이 있다면?

: 중학생 때 게임에만 너무 몰두했던 것이 후회됩니다. 학교에 다녀온 후 종일 게임만 하다 보니 자연스레 살도 찌고 체력도 약해졌습니다. 그럴 시간에 차라리 자기 계발이나 운동을 했더라면 더 좋지 않을까 후회됩니다.

5. 현재 다니고 있는 과를 선택하게 된 이유 + 학과를 고를 때 후배들이 어떤 기준으로 선택하면 좋을까?

: 여러 과목 중에 저는 수학이 가장 재미있었습니다. 원래 특별한 꿈이나 목표가 없었던 터라 정시 원서를 써야 할 때 공대에 가야 할지 사범대에 가야 할지 어떤 과를 가야 후회하지 않을지 고민을 많이 했습니다. 그러다 내가 좋아하고 재미있게 여긴 수학 과목이 생각났습니다. 처음에는 수학과를 나오면 당연히 수학 선생님이 되는 줄 알았는데 수학과를 전공하고도 다양한 분야로 진출할 수 있다는 사실을 알게 되었고, 그래서 일단 수학과에 가서 공부하면서 차츰 내가 배우고 싶은 분야를 찾아보자고 생각하고 진학하게 되었습니다. 막

상 입학하고 학교에 다니다가 전공이 마음에 들지 않아서, 원하는 분야에 취직이 어려워서 등의 다양한 이유로 중간에 그만두고 싶어 하는 친구들도 꽤 있습니다. 전공 학과를 고를 때는 본인이 후회하지 않을 선택을 하길 바랍니다.

6. 마지막으로 중고등학생들에게 해 주고 싶은 말은?

: 공부를 열심히 해서 좋은 대학에 가는 것도 물론 멋진 결과지만 학창 시절을 너무 앉아서 흘러가듯 보내지 마시고 다양한 경험을 하며 현명하게 보내시길 바랍니다. 사소한 것들, 예를 들어 '지각하지 않기'처럼 일상생활에서 할 수 있는 작은 것들부터 꾸준히 노력해 나간다면 충분히 좋은 결과를 낼 수 있을 것입니다.

'정말 열심히 했다' 자부할 수 있기를
• 대구가톨릭대학교 의대 이가현 •

1. 중고등 시기에 힘들고 지쳐도 이겨내고 꾸준히 공부할 수 있었던 원동력(방법)은?

: 인정욕구가 강한 편이어서 중고등학생 때도 선생님과 주변 분들의 칭찬과 인정이 가장 큰 원동력이 되었습니다. 성격도 많은 영향을 주었는데, 내가 하기로 한 일은 완벽하게 끝내야 하는 성격이어서 시험공부나 학교생활을 열심히 했던 것 같습니다. 무엇보다 지금 힘들고 지친다고 할 일을 제대로 하지 않으면 미래에 후회할 나 자신을 알았기 때문에 누구보다 열심히 했습니다. 나에게 다양한 선택지를 주기 위해서 공부했다고 볼 수 있습니다. 누구보다 나 자신을 귀하게 생각한다면 나중에 후회하지 않기 위해 노력해야 한다고 생각합니다.

2. 고등학교에 진학하기 전, 미리 해 두면 좋을 과목별 공부는?

(1) 국어: 고등학교 진학하기 전 특별히 신경을 썼던 부분은 없습니다. 중학교 국어 교과 학습에 충실했고, 독서를 꾸준히 했습니

다. 다만 고등학교 내신 시험이든 모의고사든 아는 작품이 나왔을 때 글을 이해하는 속도나 정도는 처음 접하는 작품일 때와 확연히 차이가 나니 다양한 문학 작품을 미리 읽어두면 도움이 되리라 생각합니다. 필독서로 언급되는 장편 소설 읽기를 추천합니다.

(2) **수학:** 적당한 정도의 선행은 나쁘지 않다고 생각합니다. 저도 한 학년 정도의 선행을 하고 고등학교에 입학했습니다. 지나친 선행이 아니라면 한 학기나 한 학년 정도 미리 공부해 두면 수월합니다. 중학교 때 나오는 도형의 성질을 활용하는 경우가 종종 있습니다. 특히나 수학은 배운 내용을 기초로 하여 점점 더 지식을 쌓아 올려 나가는 과목이므로 중학교 수학 내용을 내가 정확히 알고 있는지 전체적인 점검이 필요합니다.

(3) **영어:** 문법의 기초가 탄탄하게 잡혀 있으면 수월합니다. 문법은 고등학교 내신 시험에 나올 가능성이 있기도 하고, 고3 정도가 되면 문법 개념을 다시 보기엔 시간이 부족합니다. 문법이 부족하거나 대충 알고 있기만 하다면 중학교 때 확실히 공부해 둘 것을 추천합니다. 또 단어는 많이 알면 알수록 좋으니, 고등학교 입학 전에 최대한 많이 외우길 권합니다.

공부는 멘탈 게임이다

3. 중고등 학교생활에 있어서 후배들에게 해 주고 싶은 조언 세 가지는?

: 첫 번째로 학교 수업에 언제나 집중하세요. 선생님들과 관계도, 나의 성적도 자연히 좋아집니다. 두 번째로 친구 관계에 너무 많은 에너지를 쏟지 마세요. 친구들과 사이좋게 지내는 건 좋지만, 친구들에게 너무 많은 에너지를 쏟기보다는 본인 스스로를 잘 챙기는 데 집중하면 좋겠습니다. 세 번째로 중학생이라면 책을 많이 읽으세요. 개인적으로 제가 수능 국어에서 좋은 성적을 얻을 수 있던 데에는 꾸준한 독서의 영향이 컸다고 생각합니다. 독해력, 문장력, 어휘력, 이해력 향상에 많은 도움이 됩니다.

4. 중고등 시기에 해서, 또는 하지 않아서 후회되었던 것이 있다면?

: 미리 체력을 길러두지 않은 것이 많이 후회되었습니다. 커피나 에너지 드링크에 의존하며 공부하는 성향이 아니었는데도 불구하고 고등학교 3년 동안 대부분의 시간을 앉아서 지내다 보니 건강이 안 좋아지고 자세도 틀어져서 다리나 허리, 목이 자주 아팠습니다. 체력이 떨어지니 잔병도 끊이질 않아 수능 며칠 전까지도 병원에 다닌 기억이 있습니다. 당연히 공부에 방해가 되는 건 물론이고, 심적으로 체력적으로 힘든 시간을 보냈습니다. 건강 관리를 잘하고 미리 체력을 길러두어 저와 같은 경험을 하지 않길 바랍니다.

5. 현재 다니고 있는 과를 선택하게 된 이유 + 학과를 고를 때, 후배들이 어떤 기준으로 선택하면 좋을까?

: 저는 기본적으로 화학과 생명과학 과목을 가장 좋아했고, 직업에서는 보람과 성취감, 자기효능감이 가장 중요했습니다. 더불어 사람에게 도움이 되는 직업을 가지고 싶다고 생각했고, 사회적으로 인정 받고 명예로운 직업이면 좋겠다고도 생각했습니다. 이것저것 바라는 것은 많은데 공대에서 하는 수학과 물리는 할 자신이 없었고, 취업도 힘들 수 있다는 생각에 의대를 선택하게 되었습니다. 처음부터 의대 진학이 꿈은 아니었습니다. 마지막까지도 정말 의사가 되고 싶은 것인지 많이 고민했습니다.

고등학교 때 본인이 하고 싶은 일을 결정하지 못하는 건 지극히 자연스러운 일이라고 생각합니다. 만약 하고 싶은 일이 있다면 당연히 그와 관련된 학과를 선택하면 됩니다. 만약 없다면 하고 싶은 일을 찾는 것보다 못할 것 같은 일을 제하는 것이 더 빠를 수 있습니다. 그렇게 남은 학과 중에 저처럼 자기가 포기할 수 없는 부분들을 생각해 보고 거기에 맞는 학과를 선택하는 것도 방법입니다.

6. 지금의 중고등학생들에게 마지막으로 해 주고 싶은 말은?

: 고등학교 3학년이 되기 전에 본인에게 유리한 전형과 목표 대학, 현재 자신의 상황과 성향을 객관적으로 판단하고 고민하는 시간

을 꼭 가지면 좋겠습니다. 저는 실제로 국어와 영어 과목에 자신이 있었고, 국어와 영어에서 1등급이 확보된다면 설사 과탐에서 2등급 3등급을 맞더라도 문제가 없다고 생각했기에 이를 바탕으로 마음의 여유를 가지고 힘든 입시를 비교적 수월하게 지날 수 있었습니다.

수시를 생각한다면 3학년 1학기 내신을 준비해야 하며, 재수나 반수를 생각한다면 3학년 2학기 내신 또한 버릴 수 없습니다. 학생부 종합전형을 준비한다면 생활기록부 활동을 잘 마무리해야 하고, 그 와중에도 모의고사는 거의 매달 보게 됩니다. 수시 원서를 내기 위해 틈틈이 대학을 찾아보고, 선생님과 상담도 여러 번 하다 보면 생각보다 고등학교 3학년에 수능을 준비할 시간이 많지 않음을 알 수 있습니다. 그러니 3학년이 되기 전에 미리 고민하는 시간을 가진다면 1년 동안 멘탈 관리와 시간 관리에 도움이 되리라 생각합니다.

주변의 친구들과 선배들을 보면서 가장 크게 느낀 점은 입시는 결코 노력과 정비례하지 않는다는 사실입니다. 다만 결과에 상관없이 여러분들이 훗날 스스로를 돌아보며 '나 정말 열심히 했다!' 하고 자부할 수 있는 사람이 되기를 바랍니다. 한 번뿐인 중고등학교 생활을 후회 없이 보내면 좋겠습니다. 행운을 빕니다.

3

SNS는 제발 참아주세요

• 전남대 의대 유진목 •

1. 중고등 시기에 힘들고 지쳐도 이겨내고 꾸준히 공부할 수 있었던 원동력(방법)은?

: 친구들과의 관계가 가장 중요하다고 생각합니다. 저는 기숙사 생활을 했기 때문에 일요일 밤부터 토요일 오후까지 학교에서 지내야 했는데, 친구들과 이야기하고 웃고 운동도 하면서 학업 스트레스를 풀 수 있었습니다. 기숙사 시스템이 아니더라도 친구들은 학교생활을 하는 아침부터 저녁까지 계속 함께할 수밖에 없는 이들입니다. 이 친구들과 좋은 관계를 유지하는 것은 학교생활과 공부에도 큰 힘이 될 겁니다.

2. 고등학교에 진학하기 전, 미리 해 두면 좋을 과목별 공부는?

(1) **국어:** 텍스트를 많이 접하는 것이 중요합니다. 중학교 때 배운 문법도 복습해 두면 고등학교에 가서 훨씬 수월할 겁니다.

(2) **수학:** 개념, 유형서, 기출 등이 포함된 1년 정도의 선행을 추천합니다. 고등학교 과정을 개념만 겉핥기로 선행하기보다 제대로

할 수 있을 만큼만 확실하게 선행하고 오는 것이 더 도움이 됩니다.

(3) **영어:** 최근 2~3년간 출제된 모의고사는 학교 내신 시험에도 나올 가능성이 있기에 한 번씩 풀어 보는 것도 좋을 것 같습니다. 수능에 없는 내신만의 독특한 서술형 문항들을 연습하는 것도 추천합니다.

3. 중고등 학교생활에 있어서 후배들에게 해 주고 싶은 조언 세 가지는?

(1) **중학교 때 책 많이 읽기:** 시간을 내기 어려운 고등학생이 되기 전에 책을 많이 읽기를 추천합니다. '국어 지문을 더 잘 읽기 위해', '영어 지문을 더 잘 읽기 위해' 책을 읽는다고 생각하지 말고, 여러 배경지식을 쌓고, 고등학교 생활기록부에 반영할 내용도 앞서 생각해 볼 수 있는 전초 작업이라 생각하면 좋을 겁니다.

(2) **힘든 일 털어놓을 수 있는 친구 만들기:** 입시를 준비하다 보면, 또 입시가 아니더라도 학교라는 작은 사회 안에서 스트레스 받고 혼자 끙끙 앓는 일들도 생기게 됩니다. 저는 이런 상황에서 혼자 고민하고 속으로 끙끙 앓는 것보다 친구와 허심탄회하게 이야기하면서 푸는 것이 도움이 많이 되었습니다. 같이 입시를 준비하는 친구들이니 공감대가 있어 더 좋은 시너지가 나기도 합니다.

(3) **운동하기:** 어떤 운동이든 좋습니다. 공부만 하느라 시간이 없는 고등학생들은 운동에 많은 시간을 쏟기 어렵지만, 체력이 떨어

지고 면역력이 떨어져 공부를 못하게 되는 것보다는 하루에 조금이라도 운동을 해서 체력을 유지하는 것이 중요하다고 생각합니다. Mens sana in corpore sano! (건강한 몸에 건강한 정신이 깃든다!)

4. 중고등 시기에 해서, 또는 하지 않아서 후회되었던 것이 있다면?

: SNS를 과하게 쓴 것이 후회됩니다. 학업을 위해서만 사용하는 계정도 있었지만, 주말만 되면 개인 계정을 이용해 숏폼 동영상들로 공허한 시간을 보낸 것이 너무 아깝고 또 아쉬운 부분입니다. SNS가 없더라도 고등학교 생활을 보내는 데에는 지장 없으니 제발… 참아주길 바랍니다.

5. 현재 다니고 있는 과를 선택하게 된 이유 + 학과를 고를 때, 후배들이 어떤 기준으로 선택하면 좋을까?

: 저는 중학교 때 드라마에서 본 〈낭만닥터 김사부〉의 김사부, 〈슬기로운 의사생활〉의 이익준 교수와 같은 멋진 의사의 모습이 제 열망을 불태워 의대에 진학하게 되었습니다. 물론 특별한 열정이 없는 학생도 있을 것입니다. 그렇더라도 자신의 장점을 잘 발견하고 정리하는 것이 우선입니다. 그런 후 그에 맞는 전공과 직업을 선택하는 것이 좋겠습니다.

공부는 멘탈 게임이다

6. 지금의 중고등학생들에게 마지막으로 해 주고 싶은 말은?

: 후회하는 데 시간을 쏟지 마세요. 지나온 시간은 짧고, 살 길은 멉니다. 잘못된 과거를 돌아보며 감정에 휘둘리기보다는 그 잘못으로부터 무엇을 얻을 수 있는지, 앞으로 어떻게 나아가야 할지를 고민하시길 바랍니다. 결국 모든 것이 끝나면 감정은 사라지고 결과만 남습니다. 그 결과를 어떻게 만들어 갈지의 과정은 온전히 자신의 몫입니다.

4

미래가 고민될 땐 진로를 찾기 전에
나를 먼저 찾아 보자

• 서울대 식품동물생명공학부 박시원 •

1. 중고등 시기에 힘들고 지쳐도 이겨내고 꾸준히 공부할 수 있었던 원동력(방법)은?

: 사실 저는 고등학교 1학년 2학기, 안과 질환을 앓게 되어 병원을 자주 오가면서 잠시 학업에 소홀했던 시기가 있었습니다. 병원 진료를 보기 위해 수업을 빠지는 건 기본이고, 안구 주사를 맞는 날엔 그 다음 날까지도 눈이 아파 학교도 나가지 않고 침대에만 있어야 했습니다. 전체 내신이 1점대에서 2점대로 내려갔고, 난생처음 받아 보는 시험 점수를 확인해야 하기도 했습니다. 하지만 2학년이 되면서 마음을 다잡고 그 어느 때보다 열심히 다시 학업에 매진할 수 있었는데, 다시 해 보기로 마음을 먹게 된 이유는 '이렇게 살 수 없다'라고 생각했기 때문입니다. 매일 하는 일 없이 허송세월하고 있으니 그런 생각이 들더군요. '이렇게 아무것도 안 하고 내가 얻는 게 뭐지?' 제가 내린 결론은 '아무것도 없다'였습니다. 오히려 어제보다 성장할 나를 가꿀 시간만 버리는 거였죠. 이런 생각 끝에 '현재 내가 할 수 있는 일에 충실하자'라고 마음먹게 되었고, 그렇게 다시 공부를 시작했습

니다. 여러분도 공부가 하기 싫을 때 한번 곰곰이 생각해 보세요. '내가 공부 말고 할 수 있는 게 무얼까?' 명쾌한 답이 떠오르지 않는다면 일단 공부해 보세요. 공부를 왜 했는지에 대한 답은 나중에 성인이 된 후 찾아도 늦지 않습니다. 하지만 공부는 지금 하는 게 최선이라는 사실을 꼭 기억하시길 바랍니다.

2. 고등학교에 진학하기 전, 미리 해 두면 좋을 과목별 공부는?

(1) 국어: 저는 무엇보다 책 읽기를 가장 강조하고 싶습니다. 특히 어릴 때 독서 경험이 풍부할수록, 고등학교에서 국어 시험(특히 모의고사)을 잘 볼 확률이 매우 높아집니다. 실제로 고등학교에 재학하면서 느낀, 주변에서 보고 들은 바에 의한 결론입니다. 또 독서로 얻을 수 있는 이점은 셀 수 없을 정도로 많습니다. 먼저 독해 능력이 향상됩니다. 길고 복잡한 문장을 읽어도 바로바로 해석할 수 있는 독해 능력이 좋아지고, 모의고사에 나오는 긴 지문도 남들보다 빠르게 해석할 수 있습니다. 두 번째로 어휘력이 좋아집니다. 구어체에서는 별로 안 쓰는 어려운 한자 용어 등을 접할 기회가 많아지니 자연스레 어휘력이 발달합니다. 세 번째, 말하고 글쓰는 능력도 키울 수 있습니다. 책을 읽으면 읽기 능력뿐 아니라 말하고 쓰는 능력도 함께 발달합니다. 따라서 글쓰기 수행평가나 발표 수행평가를 할 때도 도움을 받게 됩니다. 네 번째, 지식이 많

아집니다. 책을 읽다 보면 과학, 사회문화, 예술 등 다양한 분야를 접하게 되는데, 이렇게 폭넓은 분야에 대한 얕은 지식이 차곡차곡 쌓여 나의 강한 무기가 됩니다. 콕 집어 말하긴 애매하지만 생활 속 곳곳에서 이런 사소한 지식이 힘을 발휘할 때가 분명히 있습니다. 따라서 저는 고등학교에 진학할 예정인 여러분께 하루에 몇 장이라도 좋으니 꼭 독서하는 습관을 기르라고 말씀드리고 싶습니다.

(2) 수학: 수학은 교과목 중에서도 특히 방학 동안의 선행 학습이 중요한 과목입니다. 저는 수학을 '개념 학습(겉핥기가 아니라 제대로!) → 문제 풀이 및 유형 파악 → 계산 속도 높이기'의 단계로 공부했는데, 개념 학습 단계를 방학 때 미리 끝내 놓아야 고등학교에서 다른 교과 공부 및 수행평가와 병행하여 수학을 공부할 시간이 생겼습니다. 따라서 방학 기간에 한 학기 정도 분량을 미리 선행하여 개념을 확실히 이해한 후 학교 수업을 듣는 것을 권합니다.

추가로 말씀드리면 저는 2학년 때 학원 도움 없이 모든 교과목을 혼자 공부했고, 수학도 예외는 아니었습니다. 하지만 수학은 학교 수업과 인강에만 의존하여 혼자 공부하기에는 분명 넘을 수 없는 한계가 있었습니다. 홀로 개념을 익히다 보니 속도가 더뎠고, 남들처럼 문제 풀이에 많은 시간을 투자할 수 없어 상대적으로 낮은 점수를 받을 수밖에 없었습니다. 개인적인 생각으로 수학 고득점을 목표로 한다면 적어도 수학만큼은 학원의 도움을 적극 고려해 보길 바랍니다.

(3) 영어: 영어는 크게 세 부분으로 나누어 말씀드리겠습니다. 먼저 문법입니다. 저는 중학교 때 영문법 교재를 3개 정도 끝낸 터라 어느 정도 문법을 마스터한 상태에서 고등학교에 진학했습니다. 확실히 문법이 되니 영어 수업을 따라가기도 쉽고 혼자 공부할 때도 문법 파트는 한두 번만 보면 되니 편하더라고요. 저처럼 중학교 때 문법은 다 뗀다는 생각으로 공부해도 좋습니다.

두 번째는 단어입니다. 시중에 고등 필수 단어 책, 수능 단어 책 등 교재가 많습니다. 그중에 하나를 사서 하루 일정량씩 외우는 걸 추천합니다. 고등학교에 가면 생각보다 단어를 외우는 데 투자할 시간이 별로 없습니다. 단어는 어릴 때부터 미리미리 외워놓는 것이 좋습니다.

마지막은 듣기입니다. 개인적으로 듣기는 한 번 제대로 실력을 쌓아놓으면 수능 때까지 실력 변화가 크게 없는 분야라고 생각합니다. 그러니 고등학교 입학 전 듣기 문제집을 풀면서 청해 실력을 다져 놓고, 고등학교에는 다른 공부에 더 시간을 쏟기를 추천합니다. 결론적으로 문법, 단어, 듣기 모두 고등학교 입학 전에 실력을 쌓아놓으면 고등학교 영어 공부가 한결 쉽게 느껴질 것입니다.

3. 중고등 학교생활에 있어서 후배들에게 해 주고 싶은 조언 세 가지는?

: 제가 주변 후배들에게 얘기할 때 꼭 말하는 세 가지가 있습니다. 첫 번째는 '수업 시간에 100% 집중하도록 노력하기'입니다. 공부할 때 제일 중요한 건 바로 문제를 출제하시는 선생님의 수업(강의)입니다. 급한 학원 숙제가 있더라도, 다른 할 일이 있더라도 가급적 수업 시간에는 선생님께서 수업하시는 내용에 집중하길 권합니다. 내신 공부의 시작은 교과 수업인 걸 절대 잊으면 안 됩니다.

두 번째는 앞의 내용과 일맥상통하는 이야기이기도 한데요, '시험 공부 한다고 절대 밤새우지 않기'입니다. 저는 시험 기간에 공부만큼 중요한 것이 컨디션 관리라고 생각합니다. 잠을 못 자 컨디션이 안 좋아지면 그날 낮에 뇌가 너무 피곤해 공부에 집중할 수 없게 됩니다. 여기서 더 나아가 낮에 못 한 공부를 밤에 하려고 또 밤을 새우면 피로의 악순환에 빠지게 됩니다. 그러니 가급적 새벽까지 공부하는 것은 피하시길 바랍니다.

마지막은 '책 꾸준히 읽기'입니다. 어릴 때부터 독서의 중요성에 대해 귀가 닳도록 들으셨겠지만, 저는 고등학교에서 독서의 중요성과 효과를 몸소 느꼈습니다. 학생들 입장에서 단번에 와닿게 설명하자면, 어릴 때부터 꾸준히 책을 읽어 온 학생들이 대부분 국어를 잘합니다. 당연히 개인차는 있겠지만 제가 만나 본 사람들을 보면 책 많이 읽은 학생들이 못해도 국어 모의고사 2등급은 그냥 나오더라고요. 심지어 별도의 큰 노력 없이요. 확실히 책 읽기로 다져진 독서 능력은 무시할 수가 없습니다. 더군다나 국어는 점수 올리기가 어려운 과목에 속합니다. 지금부터 자신만의 독서 계획을 세워서 일주일에 한 권, 혹은 이 주일에 한 권 읽는 것을 목표로 차근차근 시작해 보길 바랍니다.

4. 중고등 시기에 해서, 또는 하지 않아서 후회되었던 것이 있다면?

: 과탐 수능 공부를 고등학교 2학년 때 시작하지 않은 것입니다. 저는 고등학교 3학년이 된 3월에서야 과탐 공부를 시작했는데, 개념도 일부 잊어버리다 보니 공부량은 많은데 시간이 없어서 결국 과탐을 포기하는 지경에 이르렀습니다. 국영수 말고 탐구로 수능 최저 학력 기준을 맞출 생각이라면 2학년 때부터 부지런히 준비하세요.

5. 현재 다니고 있는 과를 선택하게 된 이유 + 학과를 고를 때, 후배들이 어떤 기준으로 선택하면 좋을까?

: 저는 '수시러(수시 전형만을 준비하겠다는 학생을 일컫는 말)'였기에 '식품공학과'를 목표로 3년 동안 입시를 준비했습니다. 제가 식품공학과에 가기로 마음먹은 이유는 '식품 개발자'가 되고 싶어서였습니다. 그렇게 결심한 이유는 꽤 단순했는데, 제가 바라본 저는 먹는 것과 과학을 좋아하는 학생이었습니다. 제 관심사와 관련 있는 진로가

무엇일지 매일 고민하고 탐색한 결과 '식품 개발자'라는 직업을 알게 되었습니다. 새로운 식품을 개발한다는 일이 저에게는 매우 매력적으로 느껴졌고 그렇게 진로를 정하게 되었습니다.

후배들에게 해주고 싶은 말은 진로를 탐색하기 전에 내가 정말 좋아하는 것이 무엇인지 곰곰이 생각해 보라는 것입니다. 실제로 저도 이 질문으로 몇 주 동안 계속 고민했던 것 같습니다. 그만큼 나라는 사람을 돌아보고 내가 무얼 잘하고 좋아하는지 찾는 일은 쉽지 않습니다. 하지만 진정 나에 대해 알게 된다면 그 뒤에 하는 일들은 하나씩 쉽게 다가올 것입니다. '이 과를 가야겠다'라는 전공 선택부터 '이번 수행평가 주제는 이걸로 해야지'나 '이런 책을 읽어봐야겠다'는 선택 등이 매우 쉬워집니다. 사실 요즘은 자신의 꿈보다도 취업이 잘 돼서, 전망이 좋아서 특정 과에 진학하는 경우가 많아졌습니다. 저는 그런 현실 속에서도 '나'를 잃지 말라고 당부하고 싶습니다. 내가 원하는 삶을 살고 내가 하고 싶은 일을 하는 것이 진정한 행복이라고 생각합니다. 미래가 고민될 땐 진로를 찾기 전에 나를 먼저 찾아보세요.

6. 지금의 중고등학생들에게 마지막으로 해 주고 싶은 말은?

: n년간의 입시 생활이 언제 끝날지 막막하고, 현재 내가 잘하고 있나 두려움도 많을 것입니다. 하지만 지금 내가 힘든 만큼 나중에

정당하게 보상받는다는 사실을 기억하고 끝까지 힘냅시다! 언젠가 봄은 옵니다.

| 5 |
최고가 아니어도 되니 최선을 다하자
• 대구가톨릭대학교 의대 김민주 •

1. 중고등 시기에 힘들고 지쳐도 이겨내고 꾸준히 공부할 수 있었던 원동력(방법)은?

: 재미를 붙여가며 공부했던 것이 도움이 된 것 같습니다. 개인적으로 과학을 좋아했는데, 과학탐구 개념을 이해하는 과정이 처음에 쉽지는 않았지만 이해해 냈을 때의 성취감이 컸습니다. 국어 작품을 읽을 때 몰입하면서 읽는 것도 공부에 재미를 붙이는 데에 도움이 되었습니다.

2. 고등학교에 진학하기 전, 미리 해 두면 좋을 과목별 공부는?

(1) 국어: 문법 공부를 대비해 중학교에서 배운 문법 개념을 잘 기억해 두면 좋습니다. 또 많은 글을 접하는 것도 도움이 됩니다. 꼭 두꺼운 책이 아니어도 괜찮습니다. 저는 청소년 과학 잡지를 꾸준히 읽어서 독해력이 꽤 좋은 상태로 고등학교 생활을 시작했습니다. 무엇이든 괜찮으니 관심 있는 분야부터 시작해 글을 많이 읽는 것이 좋습니다.

공부는 멘탈 게임이다

(2) **수학:** 선행을 과하게 할 필요는 없다고 생각합니다. 진도를 많이 나가는 것보다, 하나의 개념을 심도 있게 아는 것이 나중에 훨씬 더 도움이 됩니다. 특히 도형 분야는 오랜 시간 감을 잃지 않도록 하는 것이 중요한데, 이를 위해 중학교 때부터 잘 공부해 두는 것이 좋습니다.

(3) **영어:** 기본적으로 단어는 물론이고, 문법 또한 많이 익숙해지는 것이 좋습니다. 독해의 경우 간단한 글도 단어 몇 개만 찾아보면 내용을 어느 정도 이해할 수 있는 수준이라면 더욱 좋습니다. 저는 어릴 적부터 영어 학원에 다니며 영어 공부를 꾸준히 해서, 고등학교 1학년 이후부터는 심화 영어 공부를 할 필요가 없다고 느껴 영어 학원에 다니지 않고 독학으로 공부했습니다.

3. 중고등 학교생활에 있어서 후배들에게 해 주고 싶은 조언 3가지는?

: 미리 체력을 많이 길러두면 좋습니다. 주변에 잔병치레하는 친구들을 보면 평소에도 지친 모습이던 기억이 있습니다. 또 무엇이든 적극적으로 행동하기를 권합니다. 자신감은 경험에서 나오기에 꼭 거창한 결과가 나오지 않더라도 자잘한 도전을 많이 해 보는 것이 좋습니다. 마지막으로, 너무 공부만 하지는 말고 책도 읽고 문화생활도 하고 유튜브에서 다양한 분야의 영상도 보며 다방면으로 많이 경험해 보면 좋겠습니다. 당장 내 성적에 영향을 미치지 않을 것 같이 보

여도, 어떠한 방식으로든 도움이 될 것입니다. 물론 세워둔 공부 계획은 잘 지키면서 해야 합니다.

4. 중고등 시기에 해서, 또는 하지 않아서 후회되었던 것이 있다면?

: 플래너 쓰는 습관을 잘 들여놓지 않은 것이 후회되었습니다. 계획을 세우면 잘 지키지 못하더라도 세운 계획대로 행동하기 위해 노력하게 되기 마련인데, 그 계획조차 세우지 않으면 시간을 허비하게 된다는 것을 뒤늦게 깨달았습니다. 재수할 때부터 매일 플래너를 가지고 다니며 열심히 썼는데, 플래너에 적은 것을 해내야 한다는 생각이 동기 부여가 되어 공부를 더 열심히 할 수 있었습니다.

5. 현재 다니고 있는 과를 선택하게 된 이유 + 학과를 고를 때, 후배들이 어떤 기준으로 선택하면 좋을까?

: 저는 원래 방송 PD가 되고 싶었습니다. 초등학교 때부터 고등학교 때까지 줄곧 방송부에서 활동했을 정도로 관심이 많았습니다. 그런데 진로와 저의 성향에 대해 다시 생각해 보았을 때, 방송 PD와 제 성격이 잘 맞지 않다고 생각되었습니다. 저는 무언가를 만들고 이끌어 가기보다는, 주어진 상황에서 최선의 결과를 만들기를 잘하는 학생이었습니다. 그래서 아는 지식을 토대로 치료하는 의사가 제 눈에 띄었고, 의예과를 목표로 공부하게 되었습니다. 학과를 서열순으로

272

선택하기보다는 평소에 관심 있던 것, 내 성향에 맞는 것, 내가 재미 있게 할 수 있을 만한 걸 생각해 보면 좋겠습니다.

6. 지금의 중고등학생들에게 마지막으로 해 주고 싶은 말은?

: 불확실한 미래에 대한 불안함이 있을 겁니다. 선택의 기로에 설 때로 있을 거고요. 또 후회되는 순간도 있을 겁니다. 이때 너무 오래 복잡하게 고민만 하는 것보다는 일단 실행에 옮기는 것이 나을 때도 있습니다. 나중에 후회되더라도, 그때의 나에게는 최선의 선택이니 괜찮습니다. 다시 해 보면 되고, 지금 이 순간에 잘하면 됩니다. 최고 가 아니어도 되니 우선 최선을 다해 보는 겁니다. 그러면 어느 순간 내가 생각보다 더 높이 올라와 있음을 깨닫게 될 것입니다.

공부에서 가장 중요한 건 관성이다

· 중앙대학교 의대 손지원 ·

1. 중고등 시기에 힘들고 지쳐도 이겨내고 꾸준히 공부할 수 있었던 원동력(방법)은?

: 저는 공부에 가장 중요한 것은 관성이라고 생각합니다. 하루하루를 성실하게, 치열하게 살아갈 수 있는 것은 지금껏 내가 쌓아온 공부량 때문입니다. 매일 아침에 일찍 일어나서 책상에 앉아 비문학을 풀고, 야자가 끝나고도 책상에 앉아 탐구 문제집을 펼 수 있었던 것은 제가 대단한 의지를 가진 학생이어서가 아니라 지금까지 꾸준히 그렇게 해왔기 때문입니다. 후배들도 하루 바짝 하는 것이 아니라 매일 일정한 시간 집중하는 관성을 기르길 바랍니다.

2. 고등학교에 진학하기 전, 미리 해 두면 좋을 과목별 공부는?

(1) **국어:** 책을 많이 읽어 독해력과 어휘력을 기르는 것이 큰 도움이 됩니다. 고등학교에 오면 독서할 시간이 부족하기에 중학생 때까지 길러둔 독해력이 수능 국어 문제를 푸는 데 큰 힘이 됩니다. 또한 문법은 과목 특성상 중학교 교육과정에서 고등학교 문법의

기초를 거의 다 학습합니다. 따라서 문법을 잘하려면 중학교 때부터 미리 잘 다져두는 것이 필요합니다.

(2) **수학:** 수학은 여타 과목과 달리 위계 과목이기 때문에 중학교 수학을 충실히 하는 것이 중요합니다. 중학교에서 핵심 계산 법칙과 기하 법칙들을 배우기 때문에 다양한 문제를 접함으로써 이러한 법칙을 능숙하게 사용할 수 있도록 해야 합니다. 또한 꼼꼼하게 한다는 가정하에 수학 선행은 다다익선이라고 생각합니다. 사실 저는 선행을 많이 한 경우였습니다. 일반적으로 고1 과정의 수학은 선행을 나가는 것이 필수이고, 가능하다면 할 수 있는 만큼 더 나가는 것도 좋습니다. 단, 이해하지 못하면서 단순히 진도만 빼는 것은 수학 실력에 도움이 되지 않을뿐더러 오개념이나 수학에 대한 막연한 두려움을 만들 여지가 있습니다. 학생이 따라가지 못하는 것이 느껴질 정도의 과도한 선행은 지양해야 합니다.

(3) **영어:** 단어를 많이 암기하는 것이 가장 중요합니다. 또한 중학교 때 영어 실력을 거의 완성해 두면 고등학교 때 매우 편합니다. 타 과목에 비해 영어는 초등학생이 고등학생보다 잘하는 경우도 빈번할 정도로 학년이 크게 중요하지 않습니다. 단어를 많이 암기하고, 영어책이나 토플, 수능 영어 지문 등 어떤 지문이든 큰 상관없이 가능한 많은 양의 영어 텍스트를 접하면 실력 향상에 도움이 될 것이라 생각합니다.

3. 중고등 학교생활에 있어서 후배들에게 해 주고 싶은 조언 3가지는?

: 첫째, 관성을 만드는 것이 가장 중요합니다. 공부는 엉덩이 힘으로 하는 것이라는 옛말이 있는데, 저도 어느 정도 동의하는 말입니다. 그리고 그 '엉덩이 힘'은, 매일 본인이 지속해 온 노력에서 나온다고 생각합니다. 중학교 때부터 꾸준히 노력하는 습관을 들여서 고등학생 때도 그 노력을 이어간다면 크게 힘들지 않고도 해야 할 공부를 잘 끝마칠 수 있을 것입니다. 둘째, 당장 닥친 일에 최선을 다하는 태도가 필요합니다. 저는 교과 내신, 생기부, 교내 자치 활동, 수능, 생기부 면접, 과학 면접을 모두 준비했었습니다. 특히 고3 때 해야 할 일이 너무 많아서 학교에서 시키는 일이나 자잘한 수행평가에 많이 짜증냈던 기억이 있습니다. 지금 되돌아 생각해 보면 내가 해내야 할 많은 일들을 그저 시간 낭비라고 생각하기보다 그냥 묵묵히 하는 것이 최선이라는 생각이 듭니다.

마지막으로, 힘들수록 가장 가까운 사람들에게 잘해야 한다는 조언을 하고 싶습니다. 대입을 준비하며 많은 시험을 치르다 보면 분명히 몸과 마음이 지치게 됩니다. 그러면 자연스레 부모님이나 친한 친구처럼 본인과 가장 가까운 사람에게 화를 내거나 이유 없는 짜증을 내는 경우가 생기게 됩니다. 저 또한 그랬고, 제 주변의 많은 친구도 그랬습니다. 하지만 입시가 끝나고 돌아보면 후회가 많이 남게 됩니다. 힘들수록 본인의 마음을 잘 다스리는 사람이 승자라고 생각하고

공부는 멘탈 게임이다

소중한 사람들에게 더 조심하는 태도가 필요합니다.

4. 중고등 시기에 해서, 또는 하지 않아서 후회되었던 것이 있다면?

: 가장 후회되었던 것은 스마트폰을 사용한 것입니다. 저는 스스로 절제가 잘 안 되는 편이라 항상 시험 기간마다 선생님께 부탁해서 스크린 타임 비밀번호를 걸긴 했었는데요, 시험 기간이 아닐 때 수행평가를 해야 한다는 이유 등으로 과도하게 스마트폰을 사용했던 것이 가장 후회됩니다. 웬만하면 스마트폰 사용하지 마세요. 빠져나오기 쉽지 않고 짧은 시간만 봐도 강한 자극이 오기 때문에 이후에 공부를 지속하는 데에도 방해가 됩니다.

5. 현재 다니고 있는 과를 선택하게 된 이유 + 학과를 고를 때, 후배들이 어떤 기준으로 선택하면 좋을까요?

: 제가 의대를 지망하게 된 이유는 사실 초등학생 때 〈낭만 닥터 김사부〉라는 드라마를 보고 의사라는 직업에 큰 동경과 낭만을 가졌기 때문입니다. 그 이후로 꾸준히 생명과학과 의학 분야에 관심을 가지다가 폭풍 같은 사춘기를 겪으며 타인의 정신적 아픔을 치료해 주는 사람이 되고 싶다는 생각을 구체화하게 되어 '정신건강의학과 전문의'라는 꿈을 가지게 되었습니다. 고등학교 내내 정신의학과 뇌과학, 신경과학에 대한 깊은 관심을 생활기록부에 드러냈고, 수시 원서

277

6장을 모두 의대에 지원하여 의대에 입학하게 되었습니다.

본인이 학과를 고를 때 가장 중요한 것은 다양한 경험이라고 생각합니다. 직접 진로 체험을 해 볼 기회가 있다면 적극적으로 활용하고, 드라마나 책, 혹은 유튜브 브이로그 등을 활용한 간접경험도 관심 있는 분야를 정하는 데 도움이 되리라 생각합니다.

6. 지금의 중고등학생들에게 마지막으로 해 주고 싶은 말은?

: 누구에게나 한 번뿐인 10대, 이왕 열심히 해 보기로 마음먹었다면 그 마음 끝까지 변치 말고 최선을 다해 보시길 바랍니다. 먼저 노력해 본 선배로서, 여러분을 진심으로 응원하겠습니다!

7

나만의 스트레스 해소법이 있어야 한다

• 경희대학교 의대 박현지 •

1. 중고등 시기에 힘들고 지쳐도 이겨내고 꾸준히 공부할 수 있었던 원동력(방법)은?

: 자신만의 스트레스 해소법을 만드는 것이 정말 중요합니다. 저의 경우 잠이 제 행복이었습니다. 밤을 새워 본 적도 다섯 손가락으로 셀 정도이고, 적게 잔 날에는 낮잠 10분이라도 더 자야 했습니다. 오히려 이렇게 잠을 길게 자니까 깨어있는 동안 덜 졸 수 있었고, 건강을 위해 간단하게라도 할 수 있는 좋은 스트레스 해소법이었습니다.

저는 또 주변 시선을 적당히라도 의식하는 것이 마냥 나쁘지는 않았던 것 같습니다. 주변에서 저에게 주는 기대에 부응하기 위해서라도 공부할 의지를 북돋고, 입시에 성공하여 당당하게 증명하고 싶다는 마음으로 공부를 꾸준히 했던 것 같습니다.

2. 고등학교에 진학하기 전, 미리 해 두면 좋을 과목별 공부는?

(1) **국어:** 문법 공부를 해 두면 정말 이점이 큽니다. 국어의 다른 영역과 달리 문법은 암기 파트이기 때문에, 개념을 꼭 한 번이라

도 정확하게 공부해 두면 암기하기가 백배 수월합니다.

(2) 수학: 수학은 따로 공부법을 추천하기보다 선행을 강조하고 싶습니다. 마냥 많이 나가는 것보다는 정확성, 이해도에 초점을 맞추되, 최대한 다른 과목보다는 비중을 두고 공부를 해 두는 것이 좋습니다.

(3) 영어: 단어를 꾸준히 외우는 습관을 들이고 고등학교에 가는 것이 좋습니다. 단어 공부를 포기하지 않고 꾸준히 한다면 이후 영어 공부에 크게 도움이 될 것입니다.

3. 중고등 학교생활에 있어서 후배들에게 해 주고 싶은 조언 세 가지는?

: 잠 충분히 자기는 백번 추천하고 싶습니다. 컨디션 조절의 첫 발판입니다. 또 학생부 종합 전형 지원을 목표로 생활기록부를 챙긴다면 학교에서 최대한 스트레스 안 받으며 열심히 살아가는 것이 정말 중요합니다. 물론 열심히 살기에 초점을 둘 수도 있지만, 더욱 중요한 것은 스트레스 안 받기입니다. 스트레스를 받으며 하게 되면 점점 흥미가 떨어지기 때문입니다.

마지막으로는 인간관계에 있어 깊은 감정을 만들지 않는 것이 도움이 되기도 합니다. 좋은 친구가 있으면 좋지만, 나쁜 관계까지 고민하게 되면 이미 학업 때문에 받는 스트레스에 관계 스트레스까지 더해질 수 있기 때문입니다.

공부는 멘탈 게임이다

4. 중고등 시기에 해서, 또는 하지 않아서 후회되었던 것이 있다면?

: 운동을 꾸준히 하지 않은 것이 후회됩니다. 고2까지는 어찌 살 지낼 만했는데, 고3부터 확 무너졌습니다. 중학교 때는 고등학교 선배들이 무슨 말만 하면 체력 유지하라고 조언했는데, 그걸 무시하고 그냥 살다 보니 툭하면 몸살감기에 시달리게 되었습니다. 컨디션 유지는 정말 필요합니다. 다른 운동을 할 시간이 없다면, 하루에 30분씩 걷기라도 하면 좋겠습니다.

5. 현재 다니고 있는 과를 선택하게 된 이유 + 학과를 고를 때, 후배들이 어떤 기준으로 선택하면 좋을까요?

: 어릴 적부터 공부 외에 다른 활동을 거의 안 해 본 것 같습니다. 그냥 초등학생 때부터 학교, 학원, 집을 계속 왔다갔다만 하니, 제 특기가 공부라고 생각했습니다. 공부를 싫어하지 않으니, 중학생 시기까지는 공부해서 갈 수 있고 남들이 다 좋다는 직업인 의사를 마냥 동경했습니다. 하지만 고등학교에 진학해 생기부에 의학과 관련된 활동을 채우고, 의사의 진정한 모습이 무엇인지 깊이 알아가면서 더욱 흥미가 생겼습니다. 우리의 몸, 인체가 정말 흥미롭게 다가왔고, 의학이라는 학문이 무척 거대하게 느껴졌습니다. 이 거대한 학문을 파고들어 공부해보고 싶어 의예과에 진학하게 되었습니다.

학과 선택은 자신의 흥미와 능력을 고려하는 것이 중요하다고 생각합니다. 주변의 기대나 사회적 압력에 휩쓸리기보다는 내면의 소리에 귀 기울여 어떤 분야에서 몸담아야 자신의 목표를 완수할 수 있을지 고민해 보는 경험이 필요하다고 생각합니다. 차분하게 고려하고 실제 경험을 통해 자신에게 맞는 길을 찾길 바랍니다.

6. 지금의 중고등학생들에게 마지막으로 해 주고 싶은 말은?

: 성공은 끊임없는 노력과 겸손한 자세에서 온다고 생각합니다. 성적도 성적이지만, 끊임없는 노력과 성실함을 통해 목표를 이룬 것입니다. 끊임없이 배우는 자세, 겸손한 태도로 노력하길 바라며 모두 다 원하는 바를 이루길 방구석에서 감히 응원합니다. 파이팅!

8

수업 시간에 최대한 몰입하기는 기본

• 서울대학교 농경제사회학부 박수정 •

1. 중고등 시기에 힘들고 지쳐도 이겨내고 꾸준히 공부할 수 있었던 원동력(방법)은?

: 저는 그런 원동력이 없다고 생각합니다. 그냥 하루하루 '해야 하는 것이니까 해야지'라고 생각하고 다른 생각 없이 하면 됩니다. 매일 공부하는 일상에 익숙해지면 그 안에서 나름대로 소소한 행복이 생깁니다. 이미 익숙해진 상태라면 공부 동기에 관한 생각은 안 드는 것 같습니다.

2. 고등학교에 진학하기 전, 미리 해 두면 좋을 과목별 공부는?

(1) 국어: 고전시가는 필수적으로 공부해 둘 것을 권합니다. 고전 공부의 특징은 처음엔 어려워 보이지만 어느 정도 알고 나면 비슷한 단어, 내용, 구조의 반복입니다. 미리 공부해 두면 이후 부담을 훨씬 줄일 수 있습니다. 또한 고전시가, 고전 산문, 현대 시, 현대 산문 영역별로 교재를 구매해 전체적인 틀을 익히고 가는 것도 추천합니다.

283

(2) 수학: 고등학교 진도를 따라가려면 선행을 통해 미리 개념을 익히고 문제를 푸는 것이 필수라고 생각합니다. 고등학교에 진학하기 전 중학생 시기를 활용해 2년 정도 선행할 것을 추천합니다. 고등학교 진학 후 학기 중엔 그 학기의 진도를 따라가는 것으로도 벅차 미리미리 준비해야 합니다. 저는 갑작스러운 선택과목 변경으로 3학년 때 미적분 과목을 선행 없이 수강했는데 그게 제 고등학교 성적의 유일한 흠이었고 매우 힘들었습니다. 꼭 미리 대비해 두시길 바랍니다.

(3) 영어: 중학교 졸업 전에 문법에 대해 기본적인 이해 및 암기를 탄탄히 다지고 가는 것을 추천합니다. 고등학교 내신 시험에서는 그 단원의 학습 목표와 관련된 영문법뿐만 아니라 본문에 있는 어떤 영문법이라도 시험에 출제될 수 있기에 문법에 대한 기본적인 이해를 쌓아 둬야 시험에 대비할 수 있습니다. 추가로 영어 독해의 기본은 영어 단어 암기라고 생각하기 때문에 어떤 교재든 상관없이 고등 영어 단어 교재를 하나 구매해 완벽히 암기해 둘 것을 추천합니다.

3. 중고등 학교생활에 있어서 후배들에게 해 주고 싶은 조언 세 가지는?

: 첫 번째로, '수업 시간에 몰입하기'입니다. 중고등 6년간 치르게 될 시험에서 시험 출제자는 학교 선생님이기에 학교 수업 시간에 최

대한 몰입하는 것이 높은 등급을 받을 수 있는 기본이라고 생각합니다. 두 번째로, '어느 정도의 공부 계획 세우기'입니다. 저도 성격이 극 P(즉흥적인 성격)이지만 공부할 때만은 J(계획적인 성격)로 지내려 노력했습니다. 방학 혹은 시험 6주 전에는 전체적인 목표를 세우고 그 목표를 달성하기 위해 매일 해야 할 것을 간단히 기록했고, 이런 방식으로 공부하는 것이 더 효과적이라고 판단했습니다. 마지막으로 '모든 일에 열정적으로 임하기'입니다. 저는 최대한 교내 행사와 시험 모두에 최대한 열정적으로 임하려 노력했고 그랬기에 고등학교 시절을 돌아볼 때 후회가 없습니다.

4. 중고등 시기에 해서, 또는 하지 않아서 후회되었던 것이 있다면?

: 중고등 시기 전반적으로 타인의 말에 과하게 휘둘린 것을 후회합니다. 타인의 조언이 정답이 아닐 때도 많고, 정답이 아닌 길을 걸어가 보는 경험도 꼭 필요하다고 생각합니다. 정답이 아닌 길을 걷다가도 자신한테 맞는 길을 찾을 기회가 주어질 수 있는데, 저는 이런 경험을 해 보지 못하고 정해진 길만 따라서 지내다 성인이 된 것 같아 이런 부분이 후회됩니다. 이 글을 보는 분들은 타인의 말도 경청하되 자신의 소신도 굽히지 않길 바랍니다.

5. 현재 다니고 있는 과를 선택하게 된 이유 + 학과를 고를 때, 후배들이 어떤 기준으로 선택하면 좋을까요?

: 저는 고등학교 1학년 때까지만 해도 구체적으로 목표로 한 과가 없었습니다. 그랬기에 교내 행사에 최대한 참여하고 매 수업 시간에 집중하며 내가 어느 분야에 관심이 있는지 찾기 위해 노력했습니다. 여러 활동을 하다 보니 경제학에 가장 큰 관심을 가지게 되었고 2학년 때 경제에 대해 더 깊이 알아가며 경제 정책에, 더 나아가 우리나라의 취약점인 농업 분야에서의 경제 정책에 관심을 가지게 되어 농경제사회학부를 선택하였습니다. 적성에 맞는 과를 찾기 위해선 여러 분야의 다양한 활동에 열정적으로 참여하는 과정이 중요합니다. 그 과정을 충분히 경험해 보길 권합니다.

6. 지금의 중고등학생들에게 마지막으로 해 주고 싶은 말은?

: 너무 걱정하지 않으셔도 됩니다. 자신의 최선을 다하고 있다면 걱정하고 불안해하기보다는 현재를 어느 정도 즐기고 공부로 채워진 일상에서도 사소한 행복을 찾으며 생활하길 바랍니다. 저는 점심시간과 등하교 시간에 친구들과 웃고 떠드는 것이 수험 생활의 유일한 낙이었습니다. 이 시간을 통해 하루의 활기를 얻었고 장기적으로는 더 열심히 공부할 수 있었습니다.

공부는 멘탈 게임이다

1. 중고등 시기에 힘들고 지쳐도 이겨내고 꾸준히 공부할 수 있었던 원동력(방법)은?

: 첫 번째로, 저는 의대에 진학하고자 하는 확고한 목표가 있었기 때문에 힘들더라도 공부를 그만둘 수는 없었습니다. 그렇기에 공부를 습관화하여 너무 감정적으로 대하지 않도록 하였고, 힘들다는 생각보다는 앞으로 무엇을 해야 하고 무엇이 남았는지 등을 상기하고자 했습니다. 이런 태도가 공부를 지속하는 데 도움이 되었다고 생각합니다.

두 번째로, 공부하다 보면 현재 나의 성적과 등수, 등급 등을 계속 알 수 있기에 어느 정도 승부욕을 갖고 공부에 임하였고, 이것 역시 큰 원동력이 되어주었다고 생각합니다.

2. 고등학교에 진학하기 전, 미리 해두면 좋을 과목별 공부는?

(1) 국어: 국어는 따로 공부하기보다 다양한 분야의 책을 읽어 보면 좋겠습니다. 인문학, 철학, 사회과학 등 폭넓은 배경지식을 쌓

287

을 수 있는 것은 물론이고, 독해력을 높이는 데에 가장 효과적인 방법이라 생각합니다.

(2) **수학:** 수학은 먼저 중등 수학의 기초를 탄탄히 하는 것이 도움이 될 것입니다. 기하가 약하다면 중등 기하를, 연산이 약하다면 계산 연습을 하는 등 자신이 부족한 부분이 무엇인지 파악하고 그것을 메우는 것이 중요합니다.

(3) **영어:** 저는 중학교 때 어느 정도 영어 공부를 해 두었기에 고등학교 때 별다른 공부를 하지 않고도 좋은 성적을 거둘 수 있었습니다. 영어 단어를 암기하거나 문법을 보강하는 등 자신의 부족한 점을 찾아 공부하면 좋을 것 같습니다.

3. 중고등 학교생활에 있어서 후배들에게 해 주고 싶은 조언 세 가지는?

: 첫 번째로 항상 후회 없이 최선을 다하면 좋겠습니다. 어떤 결과가 나오더라도 받아들일 수 있을 정도로 최선을 다한다면, 분명 좋은 성과가 있을 거라 생각합니다. 두 번째로 규칙적인 생활 습관을 갖는 것이 좋습니다. 같은 수면 시간이라도 규칙적인 수면과 불규칙한 수면에서 오는 피로도의 차이가 생각보다 크기에 자신에게 맞는 생활 습관을 찾아 이어 나가면 도움이 될 것입니다.

마지막으로, 학교생활을 골고루 다 경험하는 것이 좋습니다. 본인의 선호에 따라 내신 혹은 생기부 어느 한쪽에만 치중하는 것이 아니라 균형 있게 신경 쓸 것을 권합니다.

4. 중고등 시기에 해서, 또는 하지 않아서 후회되었던 것이 있다면?

: 저는 중학교 시기에 책을 많이 읽지 않은 것을 정말 후회했습니다. 고등학교에 진학하여 다시 돌아보니, 소위 말하는 '재능'이라는 것은 사실 중학교까지의 시간 동안 확립되는 것 같았습니다. 저는 독해력이 부족하다고 생각하고 아예 책을 읽지 않으려 했는데, 여러분은 스스로가 부족하다고 생각하는 것을 충분히 보충하여 후회하지 않기를 바랍니다.

5. 현재 다니고 있는 과를 선택하게 된 이유 + 학과를 고를 때, 후배들이 어떤 기준으로 선택하면 좋을까?

: 저는 막연히 사람을 살리고 싶다는 생각으로 의예과를 선택하였으며, 사회 혹은 경제적인 부분을 떠나서 제가 원하는 길을 선택하였기에 지금도 후회는 없습니다. 학과를 선택할 때 그 학과가 갖는 비전이나 장단점을 따지는 것도 물론 필요하지만, 그 전에 본인이 무엇을 하고 싶은지 스스로에게 물어보는 시간을 갖길 바랍니다. 주변 사람들의 말에 휘둘리기보다 먼저 본인이 어떻게 하고 싶은지 생각해 본다면 좋은 선택을 할 수 있을 것입니다.

6. 지금의 중고등학생들에게 마지막으로 해 주고 싶은 말은?

: 분명 힘든 시기가 있고, 무너지는 순간이 있을 것입니다. 하지만 그때 염두에 두어야 할 것은 누구나 주저앉는 순간이 있다는 사실입니다. 저 또한 크게 실수를 한 적도 있었고, 정말 힘든 시기가 있었습니다. 하지만 입시에서 중요한 것은 그렇게 모두가 힘든 상황 속에서 누가 먼저 회복하느냐인 것 같습니다. 힘들다면 잠시 쉬어도 되니 스스로를 잘 돌아보며 공부를 이어 나가면 좋겠습니다. 응원하겠습니다!

공부는 멘탈 게임이다

후회 없는 시간을 보내길 바랍니다

· 한양대 의대 유지연 ·

1. 중고등 시기에 힘들고 지쳐도 이겨내고 꾸준히 공부할 수 있었던 원동력(방법)은?

: 제게 거창한 원동력이라고 할 만한 것은 없었던 것 같아요. 늘 가지고 있던 생각은 '학생이니까 공부해야지'였거든요. 다소 MZ(엠지세대)스럽지 못한 마인드이긴 하나 그 생각에 매몰되어 3~4년을 보냈습니다. 어디에서 그런 힘이 나왔는지는 입시가 다 끝난 지금도 전혀 모르겠어요. 잠시 다른 사람이 되었던 게 아닐지 가끔 생각합니다.

그래도 고등학교 때 공부를 열심히 하게 해준 원동력을 생각해 보면, 아마 부모님께 자랑스러운 딸이 되고 싶다는 마음이었던 것 같습니다. 무엇 하나 특별한 것 없이 평범한 가정, 그리고 그런 가정의 평범한 자녀로 자라와 내세울 무엇도 없었거든요. 그러다가 갑자기 공부에 재미를 붙이고, 처음 받아 본 좋은 성적에 눈뜨며 '특별한 재능 하나 없는 내가 잘할 수 있는 건 공부밖에 없겠다!'라는 생각이 들었습니다. 고등학교 3년 동안 전교 1등을 하는 동시에 전교 학생회장 활동까지 병행하며 그 누구보다 열정적인 시간을 보냈고, 그 시간을

291

묵묵히 기다려 주고 지지해 주신 부모님께 제가 감사한 마음을 표현할 방법은 열심히 공부하는 모습을 보여주는 것뿐이었습니다.

2. 고등학교에 진학하기 전, 미리 해 두면 좋을 과목별 공부는?

(1) **국어:** 고등학교 진학 전에 국어 공부를 많이 해 보지는 않았습니다. 중학교 내신 대비를 위해 공부했던 것 외에는 중학교 3학년 겨울방학 때 모의고사 형식을 익히며 문학, 독서 지문에 익숙해지는 과정을 거쳤습니다. 다양한 문학 작품, 그리고 낮은 수준의 독서 지문을 접하며 모의고사 형식 자체에 익숙해지는 시간이었습니다. 이때 시간을 재며 고등학교 1학년 국어 모의고사를 풀어 보기도 했습니다.

(2) **수학:** 저는 수학은 선행을 추천하는 편입니다. 무작정 진도만 나가는 선행을 말하는 것은 아닙니다. 심화 문제 풀이까지는 아니더라도, 적어도 수학적 개념과 원리를 이해하는 수준까지는 공부하는 것이 큰 도움이 되리라 생각합니다. 어려운 문제를 풀지는 못하더라도 자신이 개념을 알고 있다는 것 자체가 수학에 대한 부담감을 줄여 주고, 자신감을 심어줄 수 있기 때문입니다.

(3) **영어:** 국어와 마찬가지로 모의고사 형식에 익숙해지는 것이 좋습니다. 영어 모의고사를 고등학교 1학년 때 처음 접하게 된다면 많이 당황할 것입니다. 이전까지 보았던 중학교 내신 시험과는

공부는 멘탈 게임이다

굉장히 다른 형식이기 때문입니다. 중학교 때에는 고1 기출문제를 풀어 보며 문제 형식에 익숙해지는 것이 큰 도움이 될 것입니다. 물론 어휘력은 기본으로 계속 키워 나가야 하는 것이기에 단어 암기는 꾸준히 해야 합니다.

3. 중고등 학교생활에 있어서 후배들에게 해 주고 싶은 조언 세 가지는?

: 적극적으로 교내외 활동에 참여해 보면 좋겠습니다. 저는 고등학교 3년 내내 전교학생회장을 도맡았고, 2학년 때에는 서울특별시 학생자치위원회에서도 활동했습니다. 학생회와 교외에서 활동하며 다양한 사람들을 만났고, 인생에 두 번 다시 하지 못할 값진 경험을 하였습니다. 고등학교 생활에 있어서는 교과 공부가 무척 중요하지만, 저는 교과목에 매몰되기보다는 다양한 경험을 하며 한층 더 성장할 수 있었습니다. 물론 학업과 학생회·교외 활동을 병행하는 것이 힘들지 않았다면 거짓말입니다. 눈앞에 쌓인 업무에 압도되어 눈앞이 캄캄해지는 날들도 있었지만, 그런 경험 자체도 저에게는 너무 소중하게 남아있습니다. 학생 여러분의 고등학교 생활이 공부로만 가득하지는 않으면 좋겠습니다. 자신의 위치에서 할 수 있는 많은 활동, 예를 들어 학생회, 교내외 대회 등에 참여해 보길 추천합니다.

4. 중고등 시기에 해서, 또는 하지 않아서 후회되었던 것이 있다면?

: 저는 학창 생활에 후회되는 것이 전혀 없습니다. 한순간도 빠짐 없이 너무나 값진 시간이었고, 그 순간에 있던 제 모습을 자랑스럽게 생각합니다. 이 글을 보고 있는 학생들도 후회 없는 시간을 보내기 위해 노력하면 좋겠습니다.

5. 현재 다니고 있는 과를 선택하게 된 이유 + 학과를 고를 때, 후배들 이 어떤 기준으로 선택하면 좋을까요?

: 고등학교 2학년 중반, 처음으로 법의학이라는 분야를 접하고 눈 이 뜨이는 기분이 들었습니다. 다른 사람들은 기피하고 무서워하는 분야인데, 저는 그들과 다르게 오히려 흥미가 생기고 궁금증이 마 구 샘솟았습니다. 범죄 관련 시사 프로그램을 시청하거나 도서를 읽 을 때면 '이런 방식으로 사람이 죽었다면 어떤 모습의 흔적이 남았을 까?', '이 사건에서는 어떤 흉기를 사용해서 피해자를 해쳤을까?' 등 의 궁금증이 계속하여 생겼습니다. 오랜만에 호기심을 가져 보니 마 음속의 갈등도 해소되었습니다. 법의학 분야를 전공해 보고 싶다는 생각이 강하게 들었고, 의대에 합격한 지금까지도 그 생각은 변치 않 았습니다.

많은 중고등학생이 저마다 진로 고민을 하고 있을 겁니다. 어떤 학과를 선택해야 하는지도 오랜 시간 고민하고 있을 것이고요. 저는 무엇이 됐든, 본인이 관심 가고 흥미가 생기는 분야를 선택하라는 말 외엔 딱히 해 줄 말이 없습니다. 제가 처음 의대를 지망하게 되었을 때, 크게 흥미가 없어 혼란을 겪던 시기를 생각해 보면 제 정체성을 잃은 것 같아 힘들었거든요. 이 글을 읽는 학생분들은 오롯이 열정을 담아 목표를 향해 걸어갔으면 좋겠습니다.

6. 지금의 중고등학생들에게 마지막으로 해 주고 싶은 말은?

: 지금 어떤 마음으로 공부하고 있는지 한번 돌아보는 시간을 가져보면 좋겠습니다. 저는 3~4년을 불태우고 나니 어떤 후회도, 미련도 남지 않습니다. 학생들에게 하고 싶은 말도 같습니다. 후회 없는 시간을 보내길 바랍니다. 인생에서 이렇게 하나의 목표를 향해 열정적으로 달려보는 경험은 다시 하기 어려울 것입니다. 물론 새로운 시험을 준비한다면 비슷한 경험을 할 수도 있겠지만, 다수의 또래와 함께 힘든 시간과 경험을 공유한다는 것 자체가 더 특별한 점이 아닐까 싶습니다. 친구들을 경쟁 상대로 보기보다는 함께 걷는 동료로 보고, 서로를 응원하며 몸과 마음이 모두 건강한 학창 생활을 보냈으면 좋겠습니다. 여러분이 최선을 다해 10대를 보낸다면, 그때의 경험은 이후 어떤 일이 닥쳐도 헤쳐 나갈 힘과 자신에 대한 믿음을 줄 것입니다.

나 혼자 레벨 업하는 전교 1등 의대생의 공부 비법

공부는 멘탈 게임이다

초판 1쇄 발행 2024년 7월 10일
초판 3쇄 발행 2024년 11월 14일

지은이 임민찬
펴낸이 민혜영
펴낸곳 데이스타
주소 서울시 마포구 월드컵로14길 56, 3~5층
전화 02-303-5580 | **팩스** 02-2179-8768
홈페이지 www.cassiopeiabook.com | **전자우편** editor@cassiopeiabook.com
출판등록 2012년 12월 27일 제2014-000277호

ⓒ임민찬, 2024
ISBN 979-11-6827-203-3 (43370)